KB077400

내 꿈은 전통놀이
강사입니다

내 꿈은 전통놀이 강사입니다

초판 1쇄 2021년 08월 17일
지은이 채애현 | **펴낸이** 송영화 | **펴낸곳** 굿위즈덤 | **총괄** 임종익
등록 제 2020-000123호 | **주소** 서울시 마포구 양화로 133 서교타워 711호
전화 02) 322-7803 | **팩스** 02) 6007-1845 | **이메일** gwbooks@hanmail.net

ISBN 979-11-91447-47-7 03690 | 값 15,000원

※ **굿위즈덤**은 당신의 상상이 현실이 되도록 돕습니다.

내 꿈은 전통놀이 강사입니다

채애현 지음

굿위즈덤

미래는 행복한 가치를 높이는 전통문화놀이의 전환기이다

핵가족화와 디지털 문화를 수반한 현대 사회의 급속한 발전은 개인주의의 증가와 더불어 IT기술도 발달하게 했다. 이로 인한 급속한 산업화와 서구화는 전통문화의 소멸로 이어졌다. 컴퓨터를 비롯한 매스미디어의 발달은 게임 문화를 성행시켜 한국의 전통놀이 문화를 밀려나게 했다.

학생들은 입시 경쟁으로 인한 주입식 교육에 길들여져 있다. 직장인들은 각종 업무로 눈코 뜰 새 없이 바쁘다. 주부들도 한가하지는 않다. 이렇게 지친 일상에 전통놀이로 충전하는 시간을 가지면 어떨까?

놀이는 하다가 규칙에서 벗어나거나 실수해도 혼내지 않는다. 오히려 그런 상황에서 재미가 더해진다. 전통놀이를 통해 휴식을 취하며 각종 보화를 찾는 시간이 되기를 바란다.

전통놀이에는 무궁화 꽃이 피었습니다. 딱지치기, 제기차기, 공기놀이, 비석치기, 사방치기, 고누놀이, 승경고, 쌍륙 등 다양한 종류가 있다. 다양한 놀이 속에 삶의 지혜가 녹아 있다. 어른들은 어린 시절로 돌아가며 놀이의 세계에 감격한다. 웃고 또 웃으며 즐기는 시간은 행복 그 자체가 된다.

행복한 시간은 사람의 자존감을 높여준다. 전통놀이를 통해 이해 관계를 회복하고 심리적 치유와 성장의 효과를 얻을 수 있다. 전통놀이는 건강증진은 물론이고 일상을 행복으로 이끌어준다. 자존감을 향상해 자신의 가치를 깨닫게 해준다. 긍정적인 생각과 타인을 배려하는 마음을 길러주어 수용적인 사람으로 바뀌게 한다. 대인관계를 중심으로 사회성도 발달하게 해준다.

전통놀이를 만나 나는 내 꿈을 이루었다

시골에서 자란 나의 어릴 적 꿈은 선생님이었다. 그러나 영특한 머리도 아니어서 공부에는 취미가 없었기 때문에 꿈을 잠시 접고, 고등학교를 졸업하고 취업을 했다. 많은 어른이 그렇듯 나도 꿈을 잊고 살았다. 결혼 후 일을 하면서 공부를 시작했다. 대학교를 졸업한 남편의 학력에 콤플렉스를 가지면서 시작한 공부는 스펙이 되어 쌓이기 시작했다. 필요에 의해 박사과정까지 수료했다.

여러분은 인생이라는 무대에서 어떤 직업의 친구를 만났는가? 어떤 사람은 일을 즐기지만 어떤 사람은 주어진 일이라서 그냥 한다. 우리는 인생이라는 여행의 공간에서 살아간다. 일과 함께 여행의 공간에서 꿈을 실현시키는 도구를 만날 수 있다.

전통놀이는 공부에 취미가 없어 선생님이라는 꿈을 포기했던 나에게 또 다른 꿈을 꾸게 하고 그 꿈을 이룰 수 있도록 해주었다. 나는 첫 직장 생활과 강사 생활이 힘들었지만 쉽게 일을 그만두지 못하고 있었다. 부족함을 채우며 준비하는 다양한 강의는 몸을 지치게 만들었다.

그러나 예절 강의에서 만난 전통놀이가 나의 힘든 마음을 읽어주었다. 전통놀이는 나의 강의에 날개를 달아주었다. 전통놀이는 일상에 지친 나에게 친구가 되어 위로를 주었다. 놀이를 통해 몸을 움직이면서 즐거운 생각이 나의 비뚤어진 마음을 떠나게 했다. 마음의 상처는 치유가 되었고, 더불어 행복한 일상은 인상을 바뀌게 했다.

나는 전통놀이에 재미를 느끼면서 강의에 대한 거부감이 사라졌다. 나는 모든 직업에 전통놀이가 필요함을 안다. 직장인들의 업무 스트레스해소에 도움을 준다. 상담사는 놀면서 아이의 마음을 읽어주고, 선생님들은 전통놀이로 아이들과 함께 놀면서 인성지도를 할 수 있다.

주부는 아이들과 자신의 일에 활용한다. 어르신들이 건강하게 오래 사시도록 건강증진에 도움을 준다. 치매를 예방할 수 있다. 이와 같이 전통놀이는 모두에게 필요하고 도움을 주는 놀이이다.

남녀노소 누구나 장소에 상관없이 쉽게 놀이를 할 수 있다. 학교나 직장에서 전통놀이를 하면 왕따도 사라지게 한다. 전통놀이는 조상들의 슬기와 얼이 깃들어 있는 유익한 놀이다. 날로 잊혀져 가는 놀이들이 입시경쟁과 사회생활로 혼탁한 세계를 행복의 세상으로 이어주는 통로가 된다. 이제 민속학도의 준전문가로 한국문화에 더 깊은 관심을 가지고 전통놀이 논문도 빨리 마무리하고 싶다.

자신이 좋아하는 일을 찾아라. 꼭 전통놀이가 아니어도 된다. 내가 좋아하고 하고 싶은 일을 찾으면 된다. 꿈을 실현시키기 위한 갈망은 배움으로 채운다. 배움은 나를 배신하지 않는다. 잘 되는 사람들은 일상에서 좋아하는 일을 찾고 성취하기 위해 도전을 한다.

내가 찾은 전통놀이의 빛이 세상에 가득하기를!

내가 일상에 지쳐 있을 때 전통놀이는 생각을 전환하게 해주었고 그로써 나의 삶이 바뀌었다. 전통놀이는 힘든 시간을 행복을 느끼는 시간으로 만들어주었다. 짜증을 내던 마음은 전통놀이를 만나 감사로 채워졌다. 체험부스에서는 혼자고누놀이로 나도 강사들도 빠져들어가는 것을 맛보았다. 학생들과 수업을 하거나 교사연수를 받을 때에는 지켜만 보시던 선생님들도 고누, 승경도, 쌍륙에 빠져들게 했다.

전통놀이를 통해 내가 겪은 힐링과 그 가치를 여러 사람들과 나누고 싶다. 연령대와 상관없이 함께 즐길 수 있는 놀이는 무궁무진하다. 나는 전통놀이를 만나고 인생이 달라졌다. 전통놀이는 불행한 세계를 행복한 세계로 바꾸어주었다. 놀이 문화는 세계인을 하나로 만든다. 전통놀이는 민간에서 전승되면서 일상의 치유와 성장을 추구하며, 사람들이 공감하고 즐기는 가운데 행복한 시간을 만들고, 평안과 축복을 기원하게 한다.

전통놀이에 빠져보자. 아이도 어른도 함께 즐길 수 있다. 전통놀이는 힐링이 된다. 나는 초보강사로서 힘들었고 동적인 놀이는 싫어하고 정적인 놀이만 선호하는 사람이었다. 그런 내가 전통놀이의 재미를 알고는 다양하게 놀 줄 아는 사람으로 바뀌었다. 내가 좋아하고 아는 놀이로 먼저 시작하라. 우선 한 가지만 즐겨도 된다. 놀이에 재미를 느끼게 되면 점점 더 늘려가면 된다. 시간도 많이 필요치 않다. 휴식시간에 잠시 잠깐 짬을 내어 놀이를 해보자.

자신이 바뀌면 모든 것이 바뀐다. 살다 보면 뜻하지 않게 힘든 시련이 생긴다. 그 시련을 어떻게 극복하는가에 따라 삶은 희망이나 고통으로 바뀐다. 잠깐의 고통 때문에 삶의 희망을 잃어선 결코 안 된다. 나의 생각을 먼저 바꾸자! 희망은 당신을 기다리고 있다. 당신이 가진 개성을 발휘하며 최고의 인생을 살아가기 바란다.

'좋아하는 일을 하면 돈은 따라오게 돼 있다.' 워런 버핏의 말이다. 좋아하는 일을 하며 사는 즐거운 인생에는 돈도 따라온다고 하니 한번 그런 인생을 살아보자. 한 번뿐인 편도의 인생 기차를 타신 여러분! 좋아하는 일을 찾아 행복한 인생 여정에 전통놀이나 자신이 좋아하는 일을 함께 하기를 바란다. 부족한 글이지만 많은 독자들에게 어설픈 위로가 아닌 놀이로 감동을 실천하는 장이 되어 진정한 위로가 되어주었으면 하는 바람이다.

살아가면서 우리는 많은 판단을 한다. 고민을 하던 나의 숙제, 책쓰기에 모든 도움을 주신 '성공해서 책을 쓰는 것이 아니라 책을 써야 성공한다'는 〈한책협〉의 김태광 대표님, 권동희 대표님, 또한 〈한책협〉의 식구들께 감사드린다. 많은 조언을 해주신, 곽병덕 교수님, 박사과정을 공부하면서 도움을 주신 선후배님, 그리고 한양명 지도교수님, 이진교 교수님, 전통놀이를 접하게 해주신 임영희 관장님, 이미정 대표님께 감사드린다.

마지막으로 글이 나오기까지 아낌없이 사랑을 준 남편 황영원과 사랑하는 두 공주 희선, 희주에게 감사함을 전한다. 책이 나오면 누구보다 기뻐해주실 사랑하는 엄마와 가족들, 시댁 식구들에게도 감사함을 전한다.

지금 코로나로 힘든 시기를 함께 잘 이겨내고 헤쳐나가기를 바란다. 부디 이 책을 통해 전통놀이를 직접 실행해보기를 바란다. 전통놀이를 찾고 자신이 원하는 삶을 살아가길 소망한다. 전통놀이의 계승과 보급에 일조하는 삶은 항상 긍정적이고 행복한 삶이 된다. 여러분의 인생이 좋은 방향으로 전환되리라는 것을 믿어 의심치 않는다.

2021년 여름, 채애현

목 차

2장 전통놀이를 만나면 삶에 활력이 생긴다

3장 전통놀이를 활용하여 행복한 일상 만들기

4장 하루 30분 전통놀이로 상처 치유하기

5장 나는 전통놀이를 만나고 꿈이 생겼다

1 장

전통놀이는 내 삶을 바꾸었다

01

왜 하필이면 전통놀이 강사가 되었는가?

요즘 뉴스를 보면 코로나로 전 국민, 나아가 전 세계가 힘들어 하는 것을 알 수 있다. 나는 강의를 하는 강사다. 2008년, 결혼 이주 여성들에게 한국 문화를 알리는 서비스를 했다. 결혼 이주 여성들이 한국에 잘 정착하도록 한국 문화를 가르치면서 예절도 함께 가르쳤다. 예절과 다도 강의에는 초보였던 나에게 그 일은 자존감을 낮아지게 했다.

평소에 배우는 것을 좋아해 늘 배움을 찾아다녔다. 마흔 살에 접어드는 적지 않은 나이에 예절 교육을 시작으로 전통놀이 자격증을 갖춘 것이 나를 여기까지 오게 했다. 전통놀이 강의를 시작하면서 일이 재미있어졌다. 그것을 계기로 책을 쓰기로 했다. 나는 예절 교육을 받으면서 전통놀이 자격증을 갖췄다. 그리고 전통놀이 강의를 하면서 더 재미를 느끼게 되었고 하루하루가 행복한 일상으로 바뀌었다.

기존의 여러 교육은 가르친다는 데 방점을 두고 다가가다 보니 나에게 강박관념을 심어주었다. 그러다 보니 강의 준비에 부담이 생겼다. 강의를 하고 나서도 좀 더 준비했어야 했는데 하는 부담감이 있었다.

그런데 전통놀이 강의는 배우는 사람들에게서 감사의 말을 듣는다. 그래서인지 전통놀이 강의가 나에게 천직이라는 생각이 든다. 진즉에 전통놀이를 알았다면 더 즐거이 시간을 보냈을 텐데 하는 생각도 한다. 그래도 이 일을 하는 지금이 내게는 너무나 감사한 시간이다.

오늘날 어른들은 그렇다 하거니와, 아이들까지 컴퓨터나 휴대폰을 뚫어지게 쳐다보며 시간을 보낸다. 그들에게는 놀이가 먼 세상의 일이 되고 말았다. 특별한 가정을 제외한 나머지 가정은 놀이가 사라진 까닭에 도무지 흥이 나지 않는다. 나는 전통놀이로 사람들에게 추억과 행복을 전하고 싶었다. 내가 전통놀이를 중시하고 전파하려는 이유이기도 하다.

나는 전통놀이의 전문가가 되고 싶었다. 그래서 안동대학교 민속학과

박사과정에 입학을 했다. 평소에 전통놀이를 지도하고 있었지만 나의 얕은 지식에 고개가 숙여졌다. 당당해 보이지만 사실은 자존감이 낮았기 때문에 지식이 얕다는 생각이 들면 부끄러움을 느꼈다. 가르치면서 배움의 길을 선택하게 된 이유 중의 하나이다.

나는 지식을 책과 논문을 통해 익혀간다. 책을 통해 지식을 익혀나가고 전통놀이를 알아가는 과정에서 알게 된 귀한 분들이 여러 명 있다. 안동대학교 민속학과 한양명 교수님을 비롯해, 이상호 선배님, 명지대학원 석사 과정의 교수님과 선후배, 임영수 관장님, 김순희 교수님, 〈창의전래놀이교육협회〉 이미정 대표님과 소속 강사들, 전통놀이 강사 과정에서 만난 수강생들에게 배우며 지식을 채워나간다.

그 외에도 나에게 전통놀이를 알게 해주시고 지금도 늘 지지해주시는 전 안산행복예절관의 임영희, 김은희 관장님을 존경한다. 한 분은 나에게 전통놀이를 할 수 있도록 길을 열어주신 분이다. 또 한 분은 길을 찾아 열어가는 과정에 아픔을 주신 분이기도 하다. 그러나 나는 아픔을 주신 분도 사랑한다. 왜냐하면 그분과의 인연은 내가 더 성장하는 계기가 되었기 때문이다. 채찍과 당근을 주신 두 관장님을 사랑하고 존경한다. 그리고 감사한다. 내가 접하는 책과 모든 사람들이 나의 스승이다. 무엇보다 내가 강사의 길을 갈 수 있도록 조력자이자 든든한 후원자이신 나의 가장 소중한 남편과 사랑하는 예쁜 두 딸에게 감사함을 전한다.

"자신이 좋아하는 일을 할 것, 독립성, 근면함, 배우는 자세가 성공의 지름길이다."

– 베르톨트 울자머

이제 내게는 더 큰 비전이 생겼다. 대한민국을 대표하는 전통놀이 강사가 되는 것이다. 이제 나는 나만의 경험을 가지고 당당하게 대한민국을 대표하는 전통놀이 강사, 세계에 우리 전통놀이를 펼쳐 보여주는 멋진 사람이 되는 꿈을 꾸고 있다. 좋아하는 일로, 배움의 깊이를 다지며 나의 경험을 토대로 꿈을 펼쳐 서울대학교를 기점으로 해외까지 나가려 한다. 늘 노력하는 모습을 보여주며 꿈을 이루기 위해 한 걸음씩 나아가려고 한다.

전통놀이 전문 강사가 되어 경제적으로 부를 누리고 싶다. 나의 부로 인해 가족을 먼저 돕고 싶다. 나는 농촌에서 자랐다. 평생 농사일을 하다 허리가 굽어진 엄마를 위해 용돈도 풍족히 드리고 싶다. 이제 팔순의 노모가 된 엄마는 학창 시절 나를 공부 못 시킨 것에 늘 미안해하신다. 내가 필요하다고 생각해 하는 공부인데 부모님의 마음을 불편하게 해드려 죄송하다.

코로나로 통장에 잔고가 없어 힘들었는데 엄마가 학교 다니며 용돈으로 사용하라시며 큰돈을 주셨다. 엄마는 제때 공부를 시키지 못해 뒤늦게 공부를 시작한 나에게 미안한 마음을 가지신다고 했다. 뒤늦게 공부를 시작해 사위에게 미안하다며 학비에 보태라며 처음 시작할 때도 천만 원을 주셨다. 농사일을 하시며, 농한기에는 채소를 식당에 팔러 가시던 모습을 아직도 기억한다. 그렇게 한 푼 두 푼 모으신 정말 귀한 돈이다. 나의 필요성에 의한 배움의 시간을 갖느라 지금까지도 엄마에게 불효를 드리는 것 같아 죄송하다.

농사로 평생을 사신 팔순의 노모는 논농사와 밭농사를 많이 하시어 허리도 아프시다. 겉으로 드러난 엄마의 구부러진 등은 나의 마음을 더 아프게 한다. 지금도 마음은 밭에 가 계신다. 하지만 퇴행성 관절염으로 손마디가 저리고 아파서 일을 못 하신다. 용돈을 주시면서 나는 지금 큰돈 안 들어가니 지금 받는 연금으로 충분히 살 수 있다고 하신다. 용돈을 받고 감사해 눈물이 났다. 경제적으로 도움을 드려야 하는데 정말 죄송하다.

나는 경제적 부를 누리면, 친정엄마에게 용돈 500만 원을 드릴 것이다. 나를 365일 내조하는 남편에게도 감사의 표시를 하고 싶다. 시댁 어른들에게 드리는 용돈 외에 가족에게 경제적으로 도움을 주고 싶다. 지금도 청소 일을 하는 언니와 나의 동생, 채요한 목사에게도 도움을 주고 싶다. 그 외 소외 계층들에게 전통놀이를 전파하며 국내 및 열방을 섬기며 다니고 싶다.

경제적 부를 누리기 위해서는 책을 써야 한다. 전통놀이 전문 강사들을 위한 전문가 과정을 개설하는 것 뿐만 아니라 강연 및 코치, 1인 창업가가 되어, 전통놀이의 메신저가 되려고 한다. 그래서 내가 이루기 원하는 소망들, 여러 채의 건물주, 엠블던 호텔 주인 되기, 제주도에 별장 갖기, 벤츠 폭스바겐 등 수입차 타고 다니기, 여행하며 해외 강연 다니기 등을 성취하여 나의 버킷리스트를 하나씩 지워나갈 것이다.

나는 내 삶을 책임지는 나의 인생의 주인공이 되고 싶다. 마음 한편에서는 물질적 만족도 함께 누리고 싶었다. 나는 물질적 축복을 나 자신과 다른 사람을 돕는 일에 함께 사용하고 싶었다. 나도 책을 쓰고 성공하겠다는 결심을 했다. 현재의 삶이 안정적이지 못하다 보니 미래의 삶에 대한 고민이 많았다.

내가 하고 싶은 일인 전통놀이를 강의하고 코칭과 글을 쓰는 작가가 되어 행복하고 감사한 일상을 살 것이다. 그러기 위해서는 부를 쌓는 것만을 중시하지 않고 나누며 베푸는 삶으로 행복한 일상을 살고 싶다. 혼자만이 누리는 삶이 아니라 더불어 누리는 삶을 살고 싶다.

02

전통놀이로 설레는 삶을 살게 되었다

나는 2008년에 이주 여성들에게 한국 문화를 전하면서 그들에게도 한국의 전통놀이와 같은 놀이가 있음을 알았다. 세계의 전통놀이를 그들에게 들으면서 한국의 문화를 세계에 전하겠다는 비전이 생겼다. 한국 문화 전통놀이를 가지고 세계로 나갈 것이다.

나는 강의를 하는 강사다. 겉모습으로도 모범을 보여야 한다는 무거운 부담감이 있었다. 그러한 마음 탓에 강의 준비하는 일도 힘이 들었다. 전통놀이는 나의 그런 무거운 마음을 가볍게 바꿔주는 촉매제가 되었다.

이제는 전통놀이를 전문으로 한다. 다른 종류의 강의를 하는 사람들에게 전통놀이를 매개체로 강의에 활용하는 법을 전하고 있다. 강의를 쉽고 재미있게 전하는 방법의 노하우를 전하는 과정이 일상이 되면서, 매 순간이 감사하고 행복했다.

"호랑이는 죽어서 가죽을 남기고 사람은 죽어서 이름을 남긴다."

속담 중에서 이런 말이 있다. 나는 이 속담을 좌우명으로 선택했다. 나는 채애현이라는 이름을 남기겠다고 다짐했다.

나는 전통놀이 강의 경험과 노하우를 전하는 전통놀이 강사이다. 하지만 이제는 부의 축복을 누리는 행복한 일상을 전하는 전통놀이의 메신저가 되고 싶다. 나의 도움이 필요한 이들에게 전통놀이를 전하는 수호천사가 되고 싶다.

전통놀이에는 어떤 종류가 있을까? 여러분들은 어떤 종류의 전통놀이가 떠오르는가? 대부분의 사람들은 공기놀이, 고무줄놀이, 사방치기, 딱지치기, 제기차기, 고누놀이 등 어릴 때 놀았던 전통놀이를 떠올릴 것이다. 전통놀이의 종류는 이처럼 다양하다.

나는 전통놀이 중에 고누놀이를 좋아한다. 고누놀이는 한자로 지기(地

碁)라고 부른다. 즉 땅에 그려서 말을 놓아 노는 놀이라는 뜻이다. 땅·나무·돌 등에 놀이판을 새겨 넣고 자신의 말을 움직여 상대의 말을 움직이지 못하게 하거나 잡아서 승패를 가르는 놀이이다.

"고누에 대한 말의 뜻은 정확히 알 수 없으나, '견주다' 또는 '겨누다'라는 옛말에서 비롯된 것으로 여겨진다. 『소학언해(小學諺解)』에 기술된 고노다에서 비롯된 명사로 간주하여 고노다에서 고노로, 이것이 다시 고누로 변한 것이라고 해석해왔다."

– 한국민속대백과사전

고누놀이는 땅이나 나무, 돌 등에 그린 놀이판 위에 자신의 말을 움직여 상대편의 말을 잡거나, 더 이상 움직이지 못하도록 가두거나, 잡아서 따내는 놀이 등의 방법이 있다.

"전국적으로 행해지는 여름철 민속놀이이다. 주로 어린이들이 즐겨하는 놀이이지만 어른들이 즐기기도 한다. 고누는 지역에 따라 꼬누, 꼰, 고니, 꼬니, 꼰질 등으로 불리는데, 이는 방언에 따른 이칭으로 뜻에는 차이가 없다. 심우성은 '꼬누다'란 서로 상대방을 견제하거나 이기려고 꼬나본다는 뜻으로 쓰인다고 정리했다. 김광언(『동아시아의 놀이』 저자)은 『소학언해』에서 고누는 고노다의 명사형으로 잘되고 못됨을 살피어 점수를 매기는 '꼲다'의 옛말로 고노다 → 고노 → 고누로 굳어졌으며, '꼰'은 '꼬누다'에서 꼬누의 거친 말이다라고 하였다."(임영수, 2012)

고누놀이의 말의 어원에서 보았듯이 집중적으로 사람을 쳐다볼 때, 꼬나본다고 한다. 고누놀이를 하며 놀이판을 뚫어지게 쳐다보게 된다. 그래서 고누라는 말이 나왔으리라 짐작해 본다.

고누놀이에는 호박고누(돼지고누), 우물고누(강고누), 밭고누, 패랭이고누, 자동차고누, 팔팔고누, 참고누 등 다양한 종류가 있다. 고누놀이를 하려면 도구는 놀이 말(바둑알, 돌 등)과 놀이판이 필요하다.

▶ 고누놀이판 이미지 (출처 : 한국민속대백과사전)

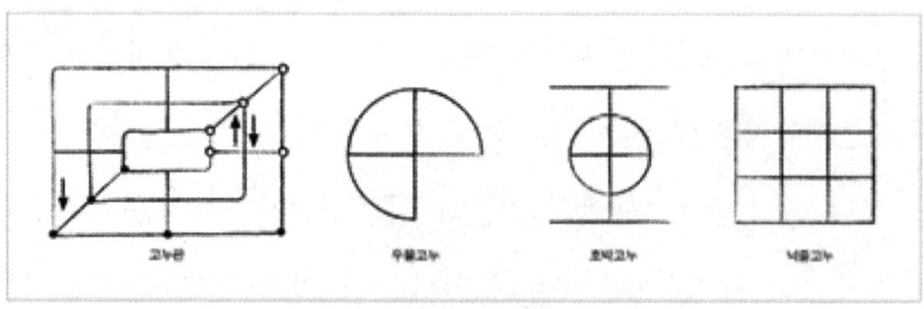

코로나로 모두가 힘든 시기에 아이들과 비대면 수업에서 고누놀이 중

에 혼자고누는 혼자서 놀이를 하는 장점이 있다. 32개의 말을 열십자 모양에 정중앙 한 칸을 비우고 모두 배치한다. 한 칸 건넜을 때 놓을 수 있는 자리이면 이동 후 건넌 말을 떼어내는 놀이다. 사선의 선이 없을 경우 가로, 세로, 이동하며 말을 떼어내는 놀이이다. 가장 잘하면 말을 하나만 남길 수 있다. 혼자고누는 창의력과 집중력이 생기게 한다. 노인들에게는 치매 예방에 좋다.

전통놀이 전문가 과정에서 고누놀이를 배우는 과정의 사례를 들어본다. 고누놀이를 배우고 다음 시간에 전 시간의 배운 혼자고누를 실습을 해보았는지 질문을 했다. 강사의 답변이다. 혼자고누를 자녀들에게 가르치며 놀았다고 했다. 또 다른 강사는 치매가 심하지는 않지만 초기라서 더 악화되지 않도록 전통놀이 과정에서 배운 고누놀이를 친정아버지에게 가르치며 행복한 시간을 보냈다고 하기도 했다.

이처럼 고누놀이는 코로나19 시대에 맞는 놀이로 추천하고자 한다. 두 명 또는 두 팀으로 나누어 같이 놀 수도 있지만 혼자서 노는 놀이도 있다. 요즘 어린이들과 어른들은 컴퓨터와 휴대폰의 화면을 뚫어지게 쳐다보며 시간을 많이 보낸다. 특히 코로나로 집콕을 하는 시간이 길어지면서 컴퓨터와 휴대폰의 사용은 전통놀이와 더불어 흥도 사라지게 했다. 우리의 놀이가 먼 세상의 일이 된 것이 안타깝다. 컴퓨터와 전화기를 멀리하게 하고 전통놀이의 재미를 일깨워 삶이 풍요롭고 즐거움이 넘쳐나도록 돕고 싶다.

많은 사람들에게 전통놀이를 알리고 전하는 것은 나의 의무이다. 유아에서 노인에 이르기까지 모든 사람에게, 국내뿐만 아니라 전 세계를 다니며 전통놀이를 전하는 일을 계속할 것이다. 책과 블로그, 강연 등 여러 방법을 통해서 전통놀이의 맥을 이어가고자 한다. 늘 관심을 가지고 전통놀이를 연구하고 전하고자 한다. 모두가 행복한 일상을 만들기 위해 전통놀이가 소통의 도구가 될 것이다.

전통놀이의 메신저 활동은 나의 일상을 행복으로 이끌어줄 것이다. 내가 전통놀이로 돈을 벌고 싶은 이유는 나만을 위해 쓰려는 것이 아니다. 나에게 먼저 선물할 것이다. 그리고 나의 가정과 친정엄마에게 경제적으로 도움을 주고 소외된 이웃이나 결혼 이민자 가정, 선교사들을 위해 나누고 베푸는 삶을 살 것이다.

나는 서울 남산골 한옥 마을에서도 관광객들을 대상으로 전통놀이를 함께 한 적이 있다. 제기차기, 장명루, 연 만들기 등의 전통놀이를 진행하며 많은 사람들에게 과거를 추억하게 하고 그들을 동심으로 돌아가게 했다. 관광객들의 행복은 나의 행복이기도 했다. 전통놀이는 타인을 행복하게 만든다. 나누며 베푸는 삶은 나를 행복하게 해준다.

지금까지 전통놀이가 행복을 전해준 것처럼 어른들에게는 동심의 세계로 다가가는 추억을 심어주고, 아이들에게는 인성 지도에 도움을 줄 수 있다. 또한 컴퓨터를 멀리하게 되고 자연스럽게 전자파로부터 멀어지게 해주는 전통놀이의 유익성을 알리고 혼자가 아닌 '함께 한다'는 의미를 나누고자 한다. 전통놀이의 메신저로 더 많은 사람들에게 우리의 전통놀이를 전파해 맥이 끊어지지 않도록 연결고리가 되어갈 것이다.

▶ 고누놀이 체험을 하는 사람들

오의재교육원

함께
our way

03

절망 속에서 전통놀이는 희망이 되었다

당신은 희망을 품고 사는가? 사람들은 태어나 누구나 희망을 찾고자 한다. 그러나 대부분의 사람들이 자신의 희망을 찾지 못한다. 많은 이들이 희망을 찾아 길을 헤매고 있다. 내가 좋아하는 것, 내가 잘하는 것을 찾는다면 자신의 희망은 빨리 발견할 수 있을 것이다. 자신이 원하는 삶은 희망이 될 수 있다.

나는 세계를 다니며 한국 문화, 전통놀이를 전하려는 희망을 품고 있다. 『100억 부자의 생각의 비밀』의 저자이자 〈한책협〉 대표인 김태광 멘토는 나의 스승이다. 자신이 원하는 것을 상상하며 현실로 만들었다. 『돈의 속성』의 저자인 김승호 회장도 마찬가지이다. 버킷리스트를 작성하여 지니고 다니며 희망을 품고 현실화시킨 사람이다. 나도 나의 희망을 이루기 위해 버킷리스트를 작성하고 매일 상상하며 실천했다.

나는 전통놀이 강의를 하면서 한국 문화를 해외까지 전하려는 희망을 품고 있다. 나는 처음부터 강의를 하는 사람은 아니었다. 나는 고등학교를 졸업하고 취업 전선에 뛰어들었다. 국내의 대기업인 S사에 입사를 했다. 이른 아침 출근하기 전 내가 하고 싶은 취미 생활을 하며 하루를 새벽에 열었다.

대기업을 다니면서 금전적으로는 부족함을 느끼지 못했다. 그럼에도 가르치고 싶은 욕망이 마음 한편에 자리하고 있었다. 어느 날 월간 잡지를 보다 보육 교사라는 문구가 눈에 들어왔다. 지금 생각하면 20년 전부터 나는 강사가 되고 싶다는 꿈을 품고 있었던 것 같다.

그렇게 배움의 길은 시작되었다. 결혼 후 어린이집을 운영하면서 강의를 하는 강사가 되고 싶다는 욕망이 싹이 트기 시작했다. 이때가 나의 인생의 전환점이 아닌가 생각된다. 나는 어린이집 교사들에게 내가 언젠가 강의를 하는 강사가 될 것이라고 평소에 종종 알리며 다녔다. 지인 강사가 나에게 하던 말이 기억난다. "이제 그렇게 외치던 강의를 하네."라는 말이다. 내가 하고 싶은 일을 늘 주변에 알리다 보니, 나의 꿈도 이루어지지 않았나 하고 생각된다.

전통놀이가 나의 희망이 되도록 만들고 싶었다. 강연과 책을 통해 전통놀이를 알리고 싶었다. 『100억 부자의 생각의 비밀』의 김태광 작가, 『돈의 속성』의 김승호 작가, 『여자라면 힐러리처럼』의 이지성 작가, 『목표 그 성취의 기술』의 브라이언 트레이시, 『왕의 재정』의 김미진 장로, 『행복하다고 외쳐라』의 오리슨 스웨트 마든 작가 등도 강연 및 책을 통해 많은 사람들을 만나고 있다.

나의 멘토이신 김태광 작가는 강연 및 책을 쓰면서 부를 누리고 있다. 브라이언 트레이시는 1시간에 8억의 강연료를 받는다. 나도 이들처럼 강연과 책을 통해 전통놀이를 알리는 부의 전도사로 활동하며 전통놀이를 널리 전파하는 희망이 되고 싶다.

내가 전통놀이에 희망을 품는 이유는 많은 사람들에게 추억과 행복을 전하고 싶어서다. 행복을 어떻게 전할까? 나는 내가 잘하는 전통놀이를 하면서 행복을 전한다. 오리슨 스웨트 마든은 말했다.

"행복은 평화로운 마음에서 나오는 따뜻한 불빛이다. 행복은 높은 이상과 조화를 이루는 삶의 향기다. 행복은 손으로 만질 수 없는 것을 소유한 영혼의 기쁨이다. 행복, 유쾌한 성격, 빛나는 온정을 계발하는 일은 삶의 자기 행복의 창조자이다. 대부분의 사람들은 행복을 계발할 수 있다고 믿는 사람은 없다. 인간의 두뇌는 매우 원시적이다."

– 오리슨 스웨트 마든

우리는 배울 수 있고, 변할 수 있고, 우리는 성장할 수 있다. 인간의 내면의 성장을 위해 전통놀이를 하면서 추억을 나누고, 행복을 계발하는 시간을 보내면 어떠한가?

행복은 거창한 행사나 어떤 대단한 일을 해야 우리에게 오는 것이 아니다. 행복은 일상적인 삶에서 찾을 수 있다. 아침에 일어나서 읽고 싶은 책을 읽거나 음악을 들으며 모닝커피를 마시거나, 내가 기른 채소를 수확하거나, 집에서 청소를 하면서도 느낄 수 있다. 길을 걸으며 들꽃을 보면서도 행복이 찾아올 수 있다. 내가 좋아하는 일을 하면서 행복을 찾을 수 있다. 이처럼 자신과의 약속한 무엇을 할 때 행복은 소소히 찾아온다.

"대부분의 사람들은 마음먹은 만큼 행복해진다."

– 에이브러햄 링컨

나는 이처럼 좋아하는 전통놀이를 할 때 행복한 감정을 느낀다. 일이 즐겁다. 나처럼 힘든 가운데 전통놀이로 찾은 행복을 다른 사람에게도 느끼게 해주고 싶다. 내가 좋아하는 일을 소소히 찾아보고 알아가는 재미도 있다.

나에게 행복을 주는 전통놀이의 개념도 알아보자. 오래전부터 전해져 오는 놀이라는 의미의 말로 민속놀이와 같은 맥락에서 전래놀이와 전통놀이는 함께 사용되었다. 호이징아는 놀이는 참여와 몰입을 통해 재미와 즐거움을 얻는 활동으로, 반복을 통해 지속성을 가지고 있으며 타인들과도 공유가 가능한 활동이라고 말한다.

어린아이들은 놀이하는 그 자체가 천진난만하다. 나는 전통놀이를 가르치면서 배우는 교육생들에게서 천진난만한 감정을 많이 본다. 교육을 듣고 나서 교육생들이 톡으로 전하는 말이다.

"저도 아이로 돌아간 듯 힐링하는 기분으로 돌아왔네요, 오늘도 무척이나 즐겁고 신났습니다, 많이 웃고 배울 수 있어서 좋았습니다, 어릴 때 추억이 새록새록 났어요, 전래놀이 즐거워서 행복합니다, 전통놀이를 하면서 천천히 친해지고 있어서 좋네요."

교육을 듣는 난 이후의 소감을 톡으로 보내온다. 내가 힘들게 준비하면서 강의해도 이렇게 뿌듯한 감정은 많이 느끼지 못했다. 그러나 전통놀이 강의는 힘들게 준비하지 않아도 함께 놀면, 소통이 되고, 즐거움을 준다. 그래서 서로가 행복한 전통놀이 시간이 되지 않나 하는 생각이 든다. 나도 즐겁고 상대방이 즐거운 전통놀이 시간이 나는 행복하다.

나는 전통놀이를 많은 사람들에게 전하고 있다. 전통놀이를 강의하면 일이 재미가 있다. 직접 만나지 못하는 사람들에게도 즐거움과 행복한 마음을 전하고 싶다. 그것을 책을 통해 많은 사람들의 일상을 재미와 즐거움으로 채워주는 행복한 시간을 만들어주고 싶다.

놀이는 자발적이다. 경제적 보상이 없어도 놀이에 참여한다. 전통놀이를 좋아하는 사람들과 남산골 한옥 마을 전통놀이 체험 사례를 예로 들어본다. 전통놀이 체험으로 함께한 강사들은 처음에는 대가를 바라지 않고 무료 봉사로 함께 했다. 점심도 개인이 준비했다. 전통놀이 체험이 시작되기 전 순서인 연 만들기를 체험하기 위해 지방까지 동행했다.

일할 때는 결코 느끼지 못하던 즐거움과 행복을 전통놀이 체험에서 느꼈다. 전통놀이 체험은 즐거움과 행복을 주는 놀이의 세계로 빠지게 한다.

나는 전통놀이를 한국에서뿐만 아니라 전 세계에 알리고 싶다. 한국의 전통놀이를 다른 나라 사람들과 나누며, 또한 그들의 놀이 문화도 같이 나누고 싶다. 그러기 위해서는 더 열심히 연구할 것이다. 전 세계를 여행하는 시간 속에서 만난 사람들에게도 전통놀이를 배울 것이다. 나는 전통놀이를 가르치는 사람이지만 배우는 사람의 자세로도 임할 것이다.

여행이라는 단어만 들어도 힐링이 되지 않는가? 나는 결혼 이주 여성들에게도 상호 문화를 교육한다. 한국의 전통놀이와 다른 나라의 전통놀이를 같이 가르친다. 자국의 전통놀이를 배우면서 비슷한 놀이에 신기해하고 즐거워한다. 나는 해외 봉사를 나가는 사람들에게도 한국의 전통놀이를 교육한다. 그들은 한국의 전통놀이를 배워 해외 봉사 현장에서 배움을 나눈다.

나는 많은 사람들과 전통놀이로 소통하고 싶다. 나는 다른 강의를 하면서 준비하는 과정이 많이 힘들었다. 그렇게 힘들고 지쳐 있던 나를 구원해준 것이 전통놀이었다. 나의 힘듦을 풀어주었던 전통놀이의 가치를 많은 사람에게 나누어주고 싶다. 행복은 나눔을 통해 얻기도 한다. 나는 방학에 시간이 되면 재능 기부나 약간의 대가를 받고도 지역아동센터의 친구들을 만난다. 아이들과 재미있게 놀면 뿌듯하고 기쁨은 두 배다. 그렇게 만난 인연은 방송 촬영으로도 이어졌다.

안산의 모 지역아동센터의 친구들과 SBS 어린이 프로그램인 〈꾸러기 탐구생활〉에 함께했다. 새로운 추억을 만들어줄 수 있어서 감사했던 시간이다.

이제는 선한 청지기의 삶을 살고 싶다. 전통놀이의 메신저가 되어, 혼자만 누리지 않고 나누고 베푸는 삶을 실천할 것이다. 나는 힘든 강사의 길에서 전통놀이를 찾고, 행복한 시간을 보낼 수 있게 된 것에 감사한다. 내가 찾은 전통놀이가 나에게 희망이 되었듯이 많은 사람들에게 전통놀이로 희망을 찾주며 그들과 동행하고 싶다.

▶ 모두를 천진난만하게 만드는 전통놀이(굴렁쇠, 말뚝박기, 쌍륙)

04

전통놀이가
내 삶을 바꾸었다

나는 왜 전통놀이로 인생을 바꾸려고 할까? 인생을 살다 보면 누구나 어려운 시기는 있다.

'왜 하필이면 나에게 이런 일이 생길까?'

의문과 원망에 사로잡히게 된다. 나에게도 여러 번 힘든 일이 있었다. 힘든 시련은 좋은 일의 도약이라 생각한다. 나는 100세의 중간 지점을 출발하여 달려가고 있다. 시골에 가면 50대는 어린아이 취급을 받는다.

나에게는 사랑하는 남편과 두 딸이 있다. 지금까지 나는 성인이지만 어린아이처럼 남편과 딸에게도 보살핌을 받으며 살아왔다.

대학원에서 박사과정을 밟고 있는 후배의 말이 생각난다. 혼자 여행도 하고 싶다는 대화를 나누는 가운데 나온 말이다.

"선배님은 온실의 화초처럼 자랐네요."

맞는 말이다. 나는 성인이지만 어린아이처럼 여린 온실의 화초였다. 나 스스로 하는 일이 없었다. 차는 몰고만 다녔다. 세차도, 주유도 할 줄 몰랐다. 가족들의 도움은 나에게 어린아이와 같이, 온실 속의 화초처럼 생활하게 했다.

'줄탁동시'라는 사자성어가 있다. 병아리가 되기 위해 알을 깨고 나와야 한다는 말이다. 이때 어미 닭의 도움으로 같이 알을 깨고 나옴을 뜻한다. 나는 온실 속의 화초였다. 그런 내가 전통놀이의 빛을 받고 여기까지 왔다. 물론 그 빛을 보낸 사람은 가족을 포함해 전통놀이를 알게 해준 모든 소중한 분들이다. 원석을 보석으로 만들어준 모든 분들에게 감사를 드린다. 나는 나를 이처럼 소중한 보석으로 생각한다. 사람은 끼리끼리 놀지 않는가? 이 책을 읽는 독자들도 보석이다.

나는 여러 가지 강의가 힘들어 전통놀이를 찾았다. 전통놀이에 가족과 나를 사랑하는 모든 분들의 도움이 더해져 나는 보석으로 다시 태어나게 되었다. 전통놀이는 나를 힐링하게 한다. 이제는 전통놀이로 인생을 즐기며 마음껏 놀아보고 싶다. 전통놀이로 즐거움을 주는 행복한 시간이 나에게 인생의 전환점이 되어 감사하다.

나의 인생의 전환점에 전통놀이가 있듯이, 요즘 전통놀이에 관심을 가지는 사람들이 많다. 학교에 학생들을 가르치는 교사들은 아이들과 수업 진행에 고민이 많다. 그 고민의 해결책을 찾다가 전통놀이로 나를 만나게 된다.

정년 퇴임을 앞둔 교장 선생님, 공무원 임기를 마무리하면서도 찾아오시는 분들도 계신다. 이들은 퇴임 후 전통놀이로 봉사하며 노후를 즐겁게 살고 싶다고 한다. 손자, 친정 부모님, 치매 어르신 등과 함께 재미있게 놀아주고 싶다며, 다양한 이유로 전통놀이를 찾다가 나와의 인연을 맺는다. 하나같이 배우고 싶고, 즐겁게 시간을 보내겠다는 한 가지 뜻에 서로 마음이 통했다. 그들을 보면 얼굴이 밝고 활기가 넘친다. 뭔가를 하고 싶은 욕망이 있어 얼굴에 생기가 넘친다.

전통놀이를 가르치는 시간은 정말 빨리 지나간다. 그들은 나에게 쉬는 시간을 주지 않는다. 화장실도 가지 않고 그들은 전통놀이 삼매경에 빠져든다. 그들이 전통놀이를 재미있어 하는 이유는 배우려는 욕망과 열정이 크기 때문일 것이다. 전통놀이를 가르치는 나도, 배우는 사람들도 한마음이 되니 하루가 한 시간처럼 빠르게 지나간다.

나는 전통놀이를 배우는 사람들에게 전통놀이의 활용도를 높일 수 있도록 도움을 준다. 전통놀이를 배우는 과정에서도 이런 말을 전한다.

"오늘 열 가지를 배워도 다 기억을 못 한다. 그날 배운 한 가지라도 내 것으로 만들어라."

그리고 다음 시간에는 전 시간에 배운 전통놀이 체험 사례를 서로 공유하기도 한다. 하나의 사례를 들어보고자 한다.

"오늘 고누놀이를 배우고 아이들이 하원해서 놀이터로 같이 왔는데 놀이터의 바닥이 고누판으로 보였다."

이렇게 말하면서 놀이터의 바닥 사진을 단체 톡으로 공유하기도 한다.

"혼자고누를 치매가 있으신 친정아버지에게 알려드렸어요."
"치매에 좋으니 매일 하시라고 친정 부모님에게 숙제를 드렸어요."

몇몇 강사는 부모님들에게 혼자고누를 알려줬다고도 한다.

이러한 소통은 배우는 동료들에게도 자극을 준다. 배운 내용을 가족들에게 실습하는 과정에서 가족 간에 친밀감도 생성된다.

나는 지난 시간 놓친 부분은 다시 점검하고 서로 피드백으로 마무리를 한다. 이처럼 자신이 좋아하는 놀이를 자신의 것으로 만들고 활용하는데 나는 도움을 주고 있다. 전통놀이에 관심을 가지고 더 빠져들게 하는 나만의 방법이기도 하다.

전통놀이는 민속 생활과 결부되어 있으며, 조상들의 슬기와 얼이 깃들어 있는 놀이다. 놀이에 참여하는 동안 긍정적인 생각과 바람직한 인간관계를 유지하게 된다. 전통놀이는 즐거움을 주는 유희적 요소가 있어 자발적으로 참여하게 된다. 전통놀이는 건강 유지와 치매 예방에 도움을 준다. 전통놀이는 내 · 외국인을 비롯해, 남녀노소 누구나 쉽게 할 수 있는 장점이 있다.

전통놀이로 만난 인생에 전통놀이를 다룬 책 쓰기를 더하니 더 행복하다. 나는 전통놀이에 관한 책을 공저로 낸 적이 있다. 그 책은 놀이를 하는 사람들에게 지침서로 활용되고 있다. 책을 내고 개정판이 더 가치가 있는 것처럼 공저로 낸 책의 부족함을 안다.

그래서 또 다른 책을 내고 싶었다. 이 책으로 나에게 즐거움을 주는 전통놀이가 널리 알려져 많은 사람들에게 활력소가 되기를 바란다. 이 책이 전통놀이의 메신저가 되기를 바란다. 메신저는 자신의 경험과 지식을 다른 사람들에게 전달하는 사람이다. 나의 경험과 나의 메시지를 파는 그 순간 돈과 행복이 함께하는 새로운 인생이 시작된다.

내가 전통놀이로 인생을 바꾼 것처럼 일이 힘들고 재미가 없는 분들에게도 그런 일이 일어나기를 바란다. 만약 지금 지루한 일상에 지쳐 있다면 전통놀이에 관심을 가져보면 어떨까?

반드시 전통놀이가 아니라도, 자신이 좋아하는 일을 찾다 보면 재미가 있고, 그 일에 흥미를 느끼게 된다. 춤도 놀이가 될 수 있다. 그림을 그리는 것도, 책을 쓰는 것도 마찬가지이다. 어린아이들은 그림을 그리며 즐거워하고 춤을 추면서 즐거움을 느낀다. 어른들은 글을 쓰면서도 위로가 된다.

많은 사람들은 책 쓰기는 자기와 무관한 일이라고 생각한다. 그러나 글은 누구나 충분히 쓸 수 있다. 책을 써서 인생을 바꾸는 계기가 된다면 한번 도전해볼 만하지 않겠는가? 내가 전통놀이를 널리 알리기 위해 이렇게 책을 쓰는 것처럼 말이다.

한 가지의 전문가가 되려면 10년 이상 걸린다고 했는가? 그만큼 전문가가 되려면 깊은 지식을 쌓기 위한 시간이 필요하다. 나는 2008년 강사의 길에 들어와 지금은 10년이 훨씬 넘는다. 그래도 한 우물을 파지는 못했기 때문에 부족한 부분을 채워나가고 견문을 넓히기 위해 노력하고 있다.

내가 찾은 무기는 전통놀이다. 전통놀이를 사람들에게 가르칠 때 행복하다. 사람들은 모두 행복하길 원한다. 행복은 모든 인간이 원하는 것이다. 그러나 진정한 행복을 찾는 사람은 별로 없다. 행복을 멀리서 찾지 말라. 행복은 우리가 가지고 있는 것에서 찾을 수 있다. 이처럼 행복은 우리 밖에 있지 않다. 진정한 행복은 밖에서 찾는 것이 아니라 내면에서 울리는 나의 말에 귀를 기울일 때 찾을 수 있다. 여러분들도 나만의 인생을 바꿀 수 있는 한 가지의 무기를 개발하라.

나는 전통놀이를 하면서 내면의 행복을 찾았다. 나는 순수한 관점에서 놀이 문화를 보았다. 하나씩 알아가는 과정을 거치면서 나 자신이 창피하게 느껴졌다. 한 민족의 고유한 놀이 속에는 민족 고유의 삶의 양식과 생활 양식이 반영된다. 바람직한 전통놀이 문화의 문제점을 파악하고, 우리의 놀이가 들려주는 놀이 정신에 귀를 기울이고자 한다. 여러분도 자신이 진정으로 좋아하는 일을 찾기를 바란다. 전통놀이가 행복으로 소통하는 도구가 되기를 바란다. 전통놀이를 무기로 개발하여 전통놀이 문화 발전과 놀이 정신을 깊이 알아가는 길에 함께 가고 싶다.

05

전통놀이는 멋진 삶의 자극제가 되었다

나는 강의를 하면서 나 자신이 전통놀이에 빠져들고 있음을 알았다. 처음부터 이런 일을 발견한 것은 아니다. 앞에서 거론했지만 강의 준비로 힘든 과정에서 찾은 행복이 전통놀이다.

나는 나만의 멋진 삶을 갈망하고 있었다. 내가 좋아하고 즐길 수 있는 것을 찾아야 했다. 매일 강의 속에서 내가 행복한 것을 찾아 헤맸다. 전통놀이는 강의를 하며 어려움을 겪고 있는 나의 뇌에서 절망의 이미지를 몰아내고 행복을 인지하게 해주었다. 뇌는 내가 시키는 대로 한다. 모두가 마음먹기 나름이다.

경험에서 깨달은 것은 그저 밝고 유쾌한 생각을 하면 된다는 것이다. 모든 감정은 육체를 아름답게도 추하게도 만든다. 그 비밀은 항상 우울한 사람은 우울한 생각에 사로잡히게 된다는 데 있다. 그래서 나는 행복하고 유쾌한 생각만 하기로 했다.

나는 한국 문화를 전하는 사람이다. 나는 한국 문화 전통놀이를 알리는 사람이 되리라 다짐했다.

내가 강의에서 헤매다 찾은 것이 전통놀이다. 다른 강의는 나와 인연이 아닌 거쳐가는 환승센터라 생각한다. 내가 전통놀이 전문가가 되기 위한 워밍업이었고, 나를 성장시키기 위한 발판이었다. 나는 모든 것에 감사하다. 그냥이라는 말로 나에게 찾아온 것이 아니다. 힘들게 헤맸던 과거의 과정 또한 나에게 강의 경험을 쌓게 하는 소중한 시간이었다. 작은 하나하나의 경험이 쌓인 소중한 시간이 지금의 행복한 나를 만들었다.

행복은 습관이 되어 좋은 일을 할 수 있는 힘이 생기게 해준다. 커다란 기쁨을 기다리지 않고 작은 기쁨에도 만족하며 최대한 노력하면 행복이 습관이 된다. 행복은 거창한 행사를 통해 얻어지는 것이 아니다. 전통놀이를 하면 나는 행복하다. 전통놀이를 하면 힐링이 된다. 전통놀이와 함께하는 시간은 힘든 일이 모두 잊히는 순간이다. 이런 즐거운 생각들이 내가 전통놀이를 쫓아가는 이유이고 내 삶의 자극제가 된다.

나는 평소에 퇴계 이황 선생과 이순신 장군을 좋아한다. 퇴계 이황은 학문을 하시는 어진 분이라 본받고 싶었다. 이순신 장군은 나에게는 부족한 용기와 추진력이 남달라 본받고 싶었다. 내가 존경하는 그들도 투호놀이를 하며 머리를 식혔다. 이순신 장군은 전시 중 머리가 복잡할 때 투호놀이를 하며 머리를 식혔다고 한다. 투호놀이를 할 때는 침착함과 집중력이 필요하다. 마음을 차분히 가라앉히고 싶은가? 투호놀이를 추천한다.

투호놀이는 혼자서도 가능하다. 재미있게 내기를 하기 위해서는 두 명 또는 그 이상도 가능하다. 투호놀이는 예의를 배우게 하고 집중력과 조정력을 길러준다. 투호놀이는 마음을 가라앉히게 한다.

투호놀이는 내가 근무하는 서울 남산골 한옥 마을, 야외에도 준비되어 있다. 우리의 명절인 추석이나 설에 휴게소에 들르다 보면 사람들이 참여하도록 준비되어 있어, 많이 볼 수 있는 놀이 중의 하나이다.

놀이 방법은 준비된 길쭉한 투호통에 투호살을 잡고, 화살을 하나씩 투호통에 던져 넣는 것이다. 투호통에 들어간 화살의 수를 세며 점수 내기를 할 수 있다. 투호놀이를 하면 인성 지도가 된다. 처음 시작은 서로 인사로 한다. 인사를 하며 예의를 배운다. 가위바위보로 순서를 정하는 과정은 사양하는 미를 배우고, 서로 먼저 하기를 권하며, 양보하는 과정에서 배려심도 기른다. 몸이 불편한 어르신들을 대상으로 할 경우 투호통을 가까이 두어, 함께 놀이에 참여할 수 있도록 배려할 수 있다. 팀을 나눠 경기를 할 경우 협동심도 기를 수 있다. 투호놀이가 이렇게 유익한 놀이인 줄 아는 사람은 많지 않다.

아이들과 투호놀이를 하려고 준비해가면 가장 많이 듣는 말이 있다. "우리 이 놀이 다 알아요, 재미없어요."라고 말한다. 그럼에도 투호놀이를 하는 이유는 앞에서 말한 투호놀이 과정을 통해 얻어지는 다양한 장점 때문이다.

요즘 아이들은 컴퓨터나 전화기로 시간을 보내는 경우가 많다. 게임은 성인이나 아이들이 시간을 보내기에는 좋다. 그러나 성장기 아이들의 성격 형성에 별 도움이 되지 못한다. 게임을 하면서 파괴하고 죽이는 것 등을 간접적으로 경험하는 것은 아이들의 마음을 망가뜨리기 때문이다. 성인도 마찬가지이다. 흔히 하는 투호놀이 속에는 아이들의 심성을 좋게 만드는 다양한 장점이 있기 때문에 투호놀이를 추천한다.

나는 놀이를 하면서도 놀이의 기본을 중요시한다. 놀이의 기본을 알면 놀이의 재미는 배가 된다. 나는 놀이를 하며 그들의 마음을 읽어주고 그들의 허한 마음을 채워준다.

처음 나를 만나는 사람들은 차갑게 다가온다. '옛날에 해봐서 다 아는 놀이인데 이놈의 강사가 어떻게 놀이를 전할까? 너 한번 전해봐.'라는 식의 차가운 시선들이 한 시간을 함께하고 나면 변한다. 처음 만난 그들의 표정은 '나는 슬프다, 나는 힘이 든다'라고 말하고 있다.

놀이를 하면 이런 힘든 것들이 모두 표출되어 밖으로 던져진다. 그래서 힐링이 된다. 얼마만의 놀이인가? 정말 재미있다. 입가에 미소가 돈다. 화장실을 오가며 만나는 시간에 "너무 재미있어요!"라며 인사가 끊이지 않는다. 놀이에 빠져들어가다 보면, 휴식시간이 없이 진행되기도 할 정도이다. 놀이가 힐링이 된다는 말을 듣는 이유이다. 내가 아이들이나 성인들에게 성심껏 가르치는 이유는 그들이 놀이를 하며 재미를 느끼고 힘든 시간을 놀이로 치유하고 풀어가도록 하기 위함이다.

내가 찾은 전통놀이는 나와 타인을 행복한 시간으로 이끌어준다. 내가 찾은 전통놀이의 행복을 다른 사람들에게도 전하고 싶다. 나는 강사들에게 진심을 다해 가르친다. 새로운 관계를 맺는 과정에서 마음을 다칠 수 있지만 긍정적으로 받아들이고 모두가 내 가족이라 생각한다.

전통놀이로 사랑하는 사람들을 치유하는 강사가 되고 싶다. 전통놀이를 하며 재미만 느끼는 것으로 만족하지 않는다. 뭔가 여운이 남고 또 하고 싶은 마음이 들도록 가르치고 싶다. 우리의 놀이 문화, 전통놀이를 전승시키는 데 함께하고 싶다.

전통놀이는 현대의 학생들에게 부족한 대인 관계나 개인 이해 능력을 향상해줄 수 있다. 전통놀이로 통합 교육이 가능하다는 것이다. 상담, 진로, 예절, 인성 교육 등 여러 강의에 함께 공감하고 소통할 수 있어, 그 효과가 발현될 수 있다.

21세기 글로벌 시대에 한 나라에 거주하는 외국인 수가 많이 늘어나 국가 간, 인종 간의 벽이 낮아졌다. 다문화 전통놀이를 활용한 수업이 초등학교에서 긍정적인 영향을 주고 있다. 전통놀이를 즐겨왔던 우리와 상호 이해하는 면에서 활용도가 높다.

나의 행복을 위해 선택한 전통놀이가 나를 홍보하는 수단이 되기도 한다. 전통놀이의 지식과 경험과 정보는 삶의 정보가 된다. 전통놀이에 대해 새롭게 알게 되는 것은 지혜를 생성하게 한다. 전통놀이는 민간에 의해 민간의 풍습으로 전승되어왔다. 농경 사회, 세시풍속의 영향도 있다. 집단의 평안과 축복을 기원하는 것에 전통놀이도 함께했다. 전통놀이는 개개인의 치유와 성장을 추구한다. 전통놀이를 통해 자존감이 향상되고, 더불어 자신의 가치도 상승할 수 있다.

우리 사회는 급속한 산업화와 서구화의 유입으로 전통문화도 소멸되어가고 있다. 컴퓨터나 대중매체의 확산은 아날로그 문화를 디지털 문화로 확산하게 했고 이는 우리의 전통문화나 전통놀이를 쇠퇴시켜 주변에서 찾아보기 힘들게 했다. 전통사회에서 기르고자 했던 신념과 가치를 담고 있는 전통놀이는 나에게 행복을 담는 지혜의 그릇이다.

나는 지혜의 그릇인 전통놀이를 많은 사람들에게 전하고 싶다. 이러한 소중한 전통놀이를 계승시키고 발전시키는 홍보 대사로 나선다. 그러기 위해서는 여러분들의 도움이 필요하다. 전통문화, 전통놀이는 우리 모두를 신명이 나게 한다. 함께 신명 나는 시간을 보내보자. 오늘은 아카시아 잎으로 놀이를 하고자 한다. 오늘 하루도 기대가 된다.

▶ 투호놀이

06

내 삶의 잠재력을 전통놀이에서 깨웠다

나는 평소에 배우는 것을 좋아해 늘 배움을 찾아다녔다. 내가 좋아하는 배움을 찾아 헤매는 일은 나의 부족함을 채우기 위한 일이었다. 나의 부족함을 채워나가는 과정으로 인해 나는 일과 공부를 병행하는 바쁜 일상을 보내게 되었다. 바쁘게 살다 보니 내가 좋아하는 것이 무엇인지도 몰랐다. 그런데 전통놀이 강의는 나의 잠재력을 일깨우는 도구가 되었다.

나는 예절 교육을 시작으로 학생들을 만났다. 오랜 시간 강의를 해도 예절 교육은 힘들다. 학생들은 예절 교육을 따분하고 재미없다고 생각했다. 나는 어떻게 하면 학생들과 재미있게 시간을 보낼 수 있을까 고민했다. 그러다 찾은 것이 전통놀이다. 전통놀이를 예절 교육에 접목시켰다. 예절 수업은 재미있는 강의로 바뀌게 되었다. 전통놀이와 함께하니 강의 시간이 행복하고 즐거움 그 자체였다.

다른 강의는 재미를 느낀 적이 별로 없다. 강의하고 나서도 어떻게 전해졌을까? 청강생들의 마음을 알고 싶었다. 그런데 전통놀이는 달랐다. 전통놀이는 나를 포함한 모두가 재미있어 했다. 강의하고 나면 '오늘 강의 어땠어요?'라고 묻지 않아도 '재미있어요.', '즐거웠어요.', '강의 너무 좋았어요.'라는 말을 저절로 들려주었다. 그리고 나서 예절 교육, 진로 교육, 세계 시민 교육, 다문화 이해 교육, 금연 교육 등의 강의가 주어질 때마다 나는 전통놀이를 병행시켜 강의를 풀어갔다.

이제 나는 강의의 재미를 느끼며 살아간다. 나는 드디어 내가 좋아하는 강의, 나에게 맞는 강의가 전통놀이임을 알았다. 나의 내면에 전통놀이를 잘 가르치는 끼가 있는 것 같다. 전통놀이를 통해 나의 잠재력을 깨달았다. 내면의 잠재력을 깨운 전통놀이는 전통놀이 전문 강사라는 길을 걷게 했다.

내 삶의 잠재력을 깨운 전통놀이는 종류가 많다. 전통놀이 종류에는 고무줄놀이, 공기놀이, 제기차기, 투호놀이, 승경도, 쌍륙, 고누놀이 등 여러 가지가 있다. 내가 즐겨 하는 전통놀이에는 승경도가 있다. 승경도는 조선시대 양반 놀이다. 승경도는 '관직도표'이다. 옛 벼슬의 이름(종류)을 도표로 만들어, 주로 양반집 아이들이 즐겨 놀던 놀이다. '승경도', '종정도', '종경도', '승정도'라고 한다. 성현은『용재총화』에 하륜이 창안한 사람이라고 기록하였다.

승경도는 조선 시대 벼슬살이 도표로 양반집 자제들에게 관직에 대한 체계적인 관념을 익혀주기 위하여 장려된 놀이이다.

승경도는 외관직과 내관직을 두었다. 중앙부의 꼭대기에 정1품을 두고, 그다음에는 종1품을, 맨 밑에는 종9품을 두었다. 승경도는 윤목을 말로 사용하였다. 다섯 마디가 있는데, 마디마다 하나에서 다섯까지의 눈금을 새겼다. 윤목은 반드시 굴린다. 굴려 나온 숫자에 따라 말을 두고 놀면 된다.

말은 문과, 무과, 은일, 남행, 군졸 출신이 있다. 출신을 결정하고, 다섯 색깔의 말을 나누어 가진다. 문과는 붉은색, 무과는 파란색, 남행은 노란색, 군졸은 흰색, 은일은 검은색의 말이다. 오방색의 말은 사방에서 과거 급제를 하러 들어온다는 의미가 있다. 순서를 정하고 말을 굴린 사람은 그 숫자에 따라 칸에서 벼슬살이 놀이를 한다.

파직이나 사약을 받게 되는 경우도 있다. 파직이나 사약 등은 놀이에 변화와 긴장감을 주기도 한다. 윤목의 말을 굴려서 가장 빨리 높은 자리에 올라가면, 이 놀이의 승패가 결정된다. 그 외 양사법, 은대법 등 여러 가지 규칙이 있다.

이순신 장군도 『난중일기』에 비가 오거나 날씨가 궂은 날 이 놀이를 하였다고 전한다. 나는 벼슬놀이 도표인 승경도 놀이를 전하면서 학생들과 성인들이 자신의 진로와 꿈에 관심을 두게 하는 시간이 되게 하고자 한다.

나는 내 삶의 잠재력을 전통놀이에서 찾았다. 내가 전통놀이를 나의 꿈을 확장하는 계기로 삼았듯이 다른 사람들도 나와 같이 전통놀이에 재미를 느끼고, 자신의 잠재력을 찾기를 바란다.

나는 많은 사람들을 전통놀이로 만난다. 전통놀이의 전승 과정은 아이들에게 재미와 행복감을 느끼게 해주며 인성 발달에도 도움을 주고 집중력과 창의력, 순발력 등을 길러주는 등 다양한 장점이 있다.

유아에서 노인에 이르기까지 많은 사람들이 나에게 전통놀이를 배운다. 나에게 전통놀이를 배우는 많은 사람들이 전통놀이를 통해 힐링이 되고, 꿈을 찾는 시간이 되었으면 한다. 전통놀이는 옛 추억을 생각나게 한다. 이런 기억들은 삶에 생동감을 준다. 전통놀이가 건강한 삶을 살아가는 데 원동력이 되기를 바라는 마음이다.

놀이는 누구에게 강요당하지 않는다. 놀이는 자유의지에 의해서 선택된 자발적으로 행해지는 자유로운 활동이다. 직접 또는 간접적으로 참여하지만 재미를 느낄 수 있다. 놀이는 공동 또는 독립된 공간에서 몰입과 참여를 통해 재미를 얻는 인간의 활동이다. 놀이는 창의력과 순발력, 지속성 등을 길러주는 다양한 긍정적인 효과가 있다.

다음은 전통놀이를 전하는 과정에 투호놀이로 배려심을 기르는 사례를 전하고자 한다. 투호놀이를 전하는 시간에 몸이 불편한 어르신들과 수업을 하는 사례를 들어본다. 몸이 불편한 어르신을 대상으로 투호놀이를 진행했다. 투호놀이를 하는 과정에서 휠체어를 타고 계신 어르신이 말씀하신다.

"나는 안 해도 돼."

마음은 청춘이지만 몸이 불편하므로 다른 사람들에게 불편을 주고 싶지 않아서 하는 말씀이다.

우리는 이런 말을 들으면 어떻게 할 것인가?

대부분의 사람들은 몸이 불편하시니 "보고 계세요, 기다리세요."라고 말한다. 그러나 놀이에는 왕따가 없다. 남녀노소, 구별하지 않는다. 몸이 불편해도, 외국인이라도, 놀이를 못 한다고 생각하지 않는다. 모두가 함께할 수 있도록 한다.

모두가 함께 참석해서 하는 전통놀이에는 긍정적인 효과와 더불어 조상의 얼과 지혜가 깃들어 있다. 나는 전통놀이를 하면서 그들의 마음을 읽어준다. 아카시아잎 놀이로 어르신들에게 이름 쓰기 활동을 함께 하며 나도 성숙해가는 시간을 갖는다. 내가 전통놀이를 전하고 싶은 이유이다.

목적지까지의 길을 올바르게 찾기 위해서는 나침반이 필요하다. 내가 여러 강의를 하며 길을 헤맬 때 방향성을 찾아준 나침반은 전통놀이다. 내 삶의 방향성을 찾아준 전통놀이가 없었다면 아직도 길을 헤매고 있을 것이다.

여러분도 자신이 좋아하는 것이 무엇인지, 평소에 내가 좋아하는 것이 무엇인지 곰곰이 생각을 해보면 답을 찾을 수 있지 않을까 생각한다.

나는 전통놀이로 나에게 맞는 강의를 찾았다. 전통놀이를 하면 행복하고 재미가 있어 피곤을 모른다. 나의 전통놀이 시간은 참여한 사람을 몰입시키고 빠져들게 하는 마력이 있다. 전통놀이에 특별한 관심을 기울여 내 삶을 깨워보기를 바란다.

07

전통놀이는 나를 감동시켰다

나는 내가 행복하게 살고 있다고 믿는다. 왜냐하면, 나는 가족과 전통놀이를 사랑하는 강사들 덕분에 전통놀이를 하며, 행복한 시간을 보내고 있기 때문이다. 코로나로 다른 분야의 힘든 시기를 보내고 있지만 나는 야외에서도 전통놀이를 할 수 있어 행복하고 감사하다.

5월이면 집 부근 뒷산에는 향수를 뿌린 듯 향기로운 꽃 냄새가 진동한다. 무슨 꽃일까? 바로 아카시아꽃이다. 전통놀이 시간에도 아카시아잎 놀이를 한다. 5월부터 시작하여 늦은 가을 단풍이 지기까지 아카시아잎으로 놀이를 할 수 있다. 아카시아꽃이 피는 5월에는 잎과 꽃을 같이 활용한다.

아카시아잎 놀이의 추억을 더듬어보자. 아이나 연인끼리 길을 가다가 아카시아잎으로 가위바위보 놀이를 했던 기억이 있는가? 나는 아이와 길을 가다가 계단을 오를 때 놀아본 기억이 있다. 가위바위보를 하여, 이기면 잎을 손가락으로 튕겨 따내거나, 꿀밤 주기 등을 하며 계단 오르내리기를 하며 재미있게 시간을 보냈다.

강화도의 모 노인복지관에서의 아카시아잎 놀이의 사례이다. 여기서도 마찬가지로 아카시아잎 따내기, 따낸 잎으로 얼굴 꾸미기와 이름 쓰기를 했다. 잎을 다 따면 줄기로 머리 파마하기 놀이를 하기도 했다. 그런데 한 어르신이 잎으로 이름 쓰기를 하며 감격하셨다.

"얼마 만에 내 이름을 적어보는지 모르겠어요."

그들은 누구의 엄마이자, 며느리로 평생을 사셨다. 놀이를 통해 누구의 엄마가 아닌 자신만의 이름을 불러보는 시간은 감격 그 자체였다. 누구 엄마, 며느리가 아닌 나를 찾는 시간이다. 당당한 자신으로 돌아오는 시간이었다.

전통놀이는 함께하는 사람들에게 감동을 주는 시간이다. 재미있게 소통하며 감동으로 일상의 스트레스를 날리는 전통놀이 시간은 재미있게 소통하는 감동의 시간 그 자체이다. 전통놀이 강의를 시작하면서 일이 재미있어졌다. 전통놀이에 참여한 사람들은 웃음이 넘쳐나고 신명이 난다고 한다. 나의 욕심을 채우기 위해 시작한 강의가 이제는 많은 사람들과 즐겁게 놀면서 스트레스 해소 및 치유가 되어 감동을 주는 시간이 되었다.

전통놀이는 아주 옛날부터 전해 내려오던 놀이다. 그러나 산업화, 도시화로 우리의 생활환경이 변하면서 전통놀이 문화는 사라지게 되었다. 일하느라 바쁜 어른들, 일상에 치이는 청년들, 공부하느라 지친 학생들이 안타깝다. 이런 사람들에게 전통놀이를 소개하고 삶의 재미를 찾아주고 싶다.

"누군가 사는 게 힘들다고 한숨을 내쉬면 나는 늘 이렇게 되묻고 싶어진다. '무엇과 비교해서?'"

– 시드니 J. 해리스

내 인생의 최대 목표는 전문적인 전통놀이를 세계무대에서 알리는 것이다. 물론 한국의 전통놀이만을 고집하지 않는다. 나는 상호 문화를 존중한다. 우리 것만 소중한 것이 아니라 다른 나라의 문화도 소중하다는 뜻이다. 그래서 세계의 전통놀이를 함께 전하는 것이다. 그러면 내가 세계 여러 나라 놀이를 어떻게 찾고 가르치는지 궁금할 것이다.

나는 2008년부터 결혼 이주 여성들과의 인연과 남산 한옥 마을에서의 내외국인 관광객들에게 전통 체험으로 한국 사람뿐만 아니라 세계 여러 나라 사람들에게 한국 문화를 전했다. 현재는 세계 놀이도 병행하여 전하고 있다. 공기놀이, 제기차기 등 이름만 다를 뿐 놀이 방법은 거의 같다.

우리나라 전통놀이는 공기놀이, 딱지치기, 투호놀이, 제기차기, 쌍륙놀이 등 종류만 300가지가 넘을 정도로 무수히 많다. 그중에 비석치기 놀이는 해외 봉사자들에게도 몇 차례 전했던 놀이다. 그 비석(비사)치기 놀이를 소개하고자 한다.

비석치기의 유래는 정확히 알 수 없다. 비석치기 놀이는 세워놓은 목표물이 비석처럼 생겨서 붙여진 이름이다. 비사치기는 옛날에 깨진 독을 놀이 도구로 사용하여 붙여진 이름이다.

북한에서도 '비사치기'라고 하는데 놀이에 쓰이는 둥글납작한 돌을 사선으로 비껴쳐서 날려 보내어 친다는 데서 유래하였다고 한다.

놀이 인원은 제한이 없다. 놀이 도구는 납작한 돌멩이나, 나무토막과 같이 세울 수 있는 말을 사용한다. 캄보디아에서는 굵은 콩을 사용하기도 했다. 지방에 따라 말치기, 비석치기, 돌치기, 망깨까기, 강치기, 말차기, 자새치기 등으로 다양하게 부른다.

놀이 방법은 공격과 수비를 정하여 공격자가 말을 던져 수비의 목표물(비석)을 쓰러뜨리는 놀이다. 비석을 쓰러뜨리지 못하면 수비와 공격이 바뀐다. 말을 던지는 방법은 다양하다. 제자리에서 비석을 던져 맞추거나, 한 발 뛰기, 두 발 뛰기, 세 발 뛰기를 해서 비석을 맞추어 쓰러뜨리며 논다. 또는 머리에서 발끝까지 신체를 이용하여 여러 가지 방법으로 놀이를 한다.

전통놀이는 나만의 행복한 전통놀이가 아니다. 많은 사람들이 함께 놀며 행복한 시간을 함께한다. 나는 많은 사람들이 전통놀이에 빠져들게 하고 감동을 주는 사람이 되고자 한다. 그러기 위해서는 전통놀이의 재미를 알려야 한다.

전통놀이는 나의 마음을 시원하게 한다. 마음이 우울하다가도 전통놀이를 하면 날아가는 기분이 든다. 재미있어 웃다 보면 스트레스가 날아가기 때문이다. 나는 나의 건강을 위해서도 재미있는 전통놀이를 풀지만 누구나 그 사람의 사회적 위치와 상관없이 함께 놀며 행복한 시간을 함께 나누고 감동의 시간을 보내도록 전통놀이를 전하고 싶다.

직장생활과 결혼 생활은 나에게 행복한 일상이 되었다. 경제적으로 힘들었던 시기도 있었지만, 지금은 안정적인 자리에 있다. 어려운 시기가 지나고 나서 나는 책을 쓰려고 〈한책협〉의 문을 두드렸다. 〈한책협〉의 대표인 나의 스승 김태광 멘토는 성공해서 책을 쓰는 것이 아니라 책을 써야 성공한다고 한다. 나는 즉시 실천에 옮기고 싶어 1일 책 쓰기 강의를 듣고 책 쓰기 과정을 신청했다. 공저로 낸 전통놀이 관련 책을 이제는 혼자 쓰고 싶다는 생각하고 실천에 옮겼다. 평소에 내가 좋아하는 일에 관한 책, 전통놀이 책을 쓰고 많은 사람들을 만나서 전하고 싶다.

나는 처음 강의를 하면서 내성적이라 두려움과 부끄러움이 많았다. 강의 능력 부족은 강박 관념으로 부담이 되어 떨어가며 처음 강단에 서기도 했다. 이제는 전통놀이 강의 자료 없이 이틀 과정도 거뜬히 풀어간다. 전통놀이 자격증 과정을 함께한 강사들에게는 체험 부스나 강의의 기회를 제공하고, 방과 후 돌봄교실이나 복지관, 재가복지센터 등에 전통놀이의 강의 자리를 연계시켜주기도 한다.

나는 초보 강사에서 프로 강사가 된 사람으로서 내가 겪었던 나만의 노하우를 전한다. 나는 당당하게 열방으로 다니며 전통놀이를 펼치는 꿈도 꾸고 있다. 늘 노력하는 모습을 보여주며 꿈을 이루기 위해 한 걸음씩 나아가려고 한다.

이제 나는 특별한 곳에서 강의하고 싶다. 농협대학교에서 신입생들에게 다른 문화 이해 강의를 할 계기가 생겨 대상은 다르지만 여러 번 출강을 했다. 대학생들에게도 전통놀이를 활용하며 강의를 진행했다. 이제는 대한민국을 대표하는 전통놀이 강사로 서울대학교에서 감동을 주는 전통놀이를 하고 싶다는 꿈이 생겼다. 서울대는 두뇌가 명석한 수재들이 모인 곳이다. 그런 친구들에게 우리 문화를 접하는 재미를 주고 행복한 일상을 심어주고 싶다. 그들은 공부만을 위해 달려와 지쳐 있을 것 같다는 생각이 든다. 어떤 사람들은 지금까지 공부만 하는 불쌍한 인생이지 않았느냐고 묻기도 할 것 같다. 그러나 전통놀이를 만난다면 "나는 공부를 하는 불쌍한 인생이 아니라 즐기는 인생이다."라고 답할 수 있을 것이다.

나의 스승 김태광 멘토는 박사과정을 밟는 것을 그리 좋아하지 않는다. 차라리 그 시간에 책을 쓰라고 한다. 성공해서 책을 쓰는 것이 아니라 책을 써야 성공한다고 말씀하시는데, 나도 그 말에 100% 공감한다. 그래서 나도 책 쓰기에 도전하고 있다. 지금 생각해도 잘한 선택이다. 김태광 멘토는 나를 가난으로부터 탈출하게 해준 고마운 스승이다.

나는 이 책을 통해 많은 사람들에게 전통놀이를 알리고 싶다. 많은 사람들의 일상이 행복한 삶의 연결고리로 감동을 전하는 전통놀이는 마음에 열렬한 욕구를 일으켜 자기 편으로 만들 수 있다.

▶ 손수 만든 비석

▶ 비석치기하는 사람들

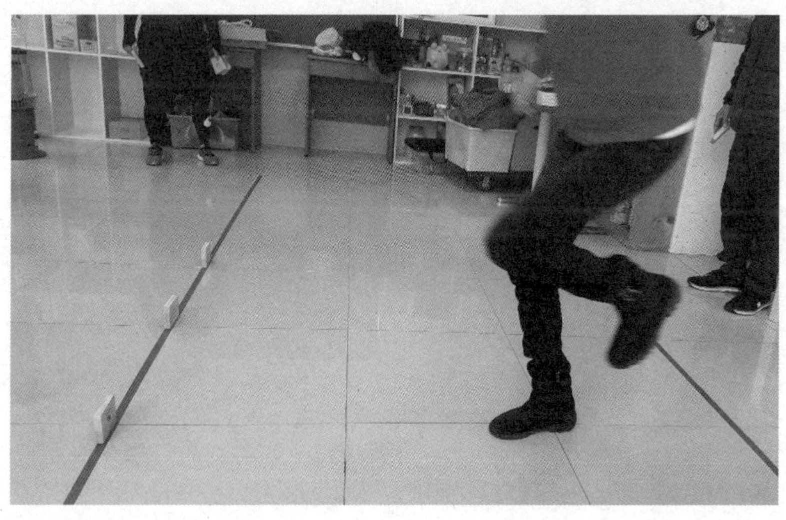

2 장

전통놀이를 만나면 삶에 활력이 생긴다

01

삶이 힘들면 지금 당장 전통놀이를 만나라

여러분은 삶의 활력소를 어디에서 찾고 있는가?

골프나 독서, 자기계발 등의 취미 생활로 삶의 활력소를 찾는 사람도 있을 것이다. 요즘 코로나로 힘들어하는 사람들이 많이 있다.

나에게 전문가의 길은 결코 녹록지 않은 삶이었다. 전통놀이 현장에서는 전문가이지만 박사과정은 정말 눈물을 흘릴 정도로 힘들었다. 학기를 마치고 방학을 시작하자 가볍게 대상포진도 앓았다.

두 가지를 병행하는 일은 결코 쉽지 않았다. 나는 박사과정을 수료했지만 이제는 나도 박사과정을 밟으려는 사람들이 있으면 말리고 싶다. 그 시간에 차라리 전통놀이하며 신나게 놀라고 조언해주고 싶다.

실제로 강의를 하는 과정에서도 학력과 상관없이 전통놀이 강사들에게 당당히 말한다. 전통놀이 강사는 학력과 상관이 없다. 실제로 전통놀이 과정을 이수한 강사 중에 고등학교를 졸업한 강사도 있다.

전통놀이를 배우려고 문의하는 과정에 상담으로 주고받는 대화 내용이다.

"저는 고등학교 졸업인데 전통놀이 배우는 것이 가능할까요?"
"당연하죠. 노는 데는 학력과 무관합니다."

실제로 복지관에서는 교장 선생님도 초등학력의 어르신도 같이 놀이를 한다. 실제로 고졸 출신들도 전통놀이 강사로 활동을 하고 전통 놀이를 활용한 봉사도 많이 하고 있다. 놀이는 학력과 무관하다.

삶이 힘든가? 전통놀이로 풀어보자. 나는 전통놀이를 하면 재미있고 신이 난다. 즐겁게 웃고 즐기다 보면 잠시 힘든 시간을 잊게 한다.

"밝음은 항상 어둠에서 비롯됨을 알라."

-『채근담』

삶이 힘들면 마음이 나약해지게 된다. 놀이에는 위대하고 놀라운 힘이 있다. 함께 놀고, 춤추고, 웃고, 뒹굴면서 나약함은 사라지고 즐거움과 행복, 기쁨이 그 자리를 차지한다.

삶의 지혜가 녹아 있는 우리의 전통놀이는 추억을 돌려준다. 놀이를 하는 사람들의 얼굴에는 어린 시절로 돌아가 놀이를 하는 것처럼 행복해하는 표정이 있다. 전통놀이는 보화에 견줄 만한 교훈을 준다. 지금 이 시간 삶이 힘들거나 위로가 필요한 사람은 같이 전통놀이를 하며 함께 잊어보자.

놀이를 배워 친구, 지인들에게 힘든 시간을 행복한 시간으로 바꿔주자. 전통놀이는 마음과 생각, 모습, 느낌 속에 흥미를 안겨준다. 날로 잊혀져가는 전통놀이로 불행한 자기를 내다 버리자. 전통놀이로 나와 타인이 행복해지는 데 도움이 되기를 바란다. 분명 전통놀이만이 해답을 찾아줄 것이다.

나는 2008년 결혼 이주 여성들과 자녀들을 만나면서 한국 문화를 바로 알려야겠다는 생각을 했다. 나는 곧 예절 강의를 시작했다. 그러면서 하나둘씩 교육을 통해 필요한 자격증을 갖추게 되었다. 처음부터 쉬운 일이 어디 있겠는가마는, 교육을 받는 일만큼은 즐거운 시간이었다.

예절 교육을 시작으로 흡연 예방, 웃음, 진로, 세계 시민, 인권 등 다양한 강의를 했다. 강의 때마다 다른 강의 자료를 숙지해야 했기에 나의 어깨는 무거워졌다.

날마다 늦은 시간까지 강의 준비에 힘들어하는 나를 보며 작은딸은 나에게 말한다.

"엄마, 왜 매일 강의할 때마다 힘들게 준비를 해. 한 가지 가지고 그냥 하면 안 되는 거야?"
"혹시나 같은 사람이 내 강의를 들으면 어떡해? 그래서 다르게 준비하는 거야!"

나는 그렇게 대답했지만, 실제로 내 강의를 같은 사람이 듣는 경우는 거의 없었다.

그런데도 매번 달라지는 강의를 준비하는 것은 나를 힘들게 했다. 당연히 강의도 즐겁지 않았다. 일이 재미 없어졌다. 그래서 강의도 줄이게 되었다.

여러 가지 강의를 하면서 나에게 맞는 강의를 찾아 고민하던 중에 나에게 신나는 일이 생겼다. 그것은 다름 아닌 노는 강의였다. 드디어 내가 강의를 하면서 즐겁고 행복을 주는 강의를 찾았다. 바로 전통놀이다.

혹시 당신이 강사라면, 지식을 전달하는 일만을 하고 있지는 않은가?

나도 그런 강의를 하고 있었다. 그래서 강의는 힘이 들고 일상은 고통과 절망의 시간이었다. 그런 가운데 찾은 강의가 전통놀이다. 전통놀이를 활용한 강의는 편하다. 방법만 알려주면 된다. 놀이하는 과정에서 서로 힘들지도 않다.

전통놀이를 가르치는 시간은 배우는 사람도 가르치는 사람 모두가 재미있고 행복하다. 서로가 원하는 놀이를 하니 당연히 그 시간은 즐거울 수밖에 없다.

여러분은 어떤 일을 하면 재미있고 즐거운가? 나는 전통놀이를 하며 재미와 행복을 찾았고 그것을 놀면서 실감하는 시간을 나누고 있다. 이제는 내가 찾은 전통놀이의 행복을 함께 나누며 살고 싶다.

나는 고택에서 전통놀이 우리 문화를 전하고자 한다. 관광객들에게 전통놀이 체험장을 개설하여 잊혀가는 전통놀이의 맥을 이어가고 싶다. 유아에서 어른에 이르기까지 모두가 행복한 시간을 보내게 해드리고 싶다. 전통놀이를 통해 얻은 경제적 이익은 나눔과 베풂을 통해 이웃과 살고 싶다.

나는 평소에 이런저런 상상을 하곤 한다. 비즈니스석을 타고 해외로 강의 가는 장면이나 많은 대중을 앞에 놓고 줌으로 전통놀이를 하는 장면, 유창하게 영어로 전통놀이를 하는 행복한 꿈을 꾸기도 한다.

상상하면 현실이 된다. 민속학도로서 우리 고유의 전통놀이를 알리는 전통놀이의 메신저가 된다. 세계의 놀이도 함께 공유한다. 세계화에 맞추어 서로가 함께 배우는 장을 열어가고자 한다.

그러기 위해서는 많이 알려야 한다. 여러분도 우리의 전통놀이를 많이 사랑해주고 행복의 도가니, 전통놀이 속으로 함께 빠져들기를 바란다.

전통놀이의 메신저, 한국에 이어 세계로 뻗어가는 전통놀이 강사가 되고자 한다. 누림을 나누며, 삶에 활력을 주는 것들에 전통놀이가 그 바탕이 되게 할 것이다.

힘들고 지친 사람들에게 행복과 재미를 전하는 치유의 도구로 전통놀이를 찾게 할 것이다.

02

할수록 재미있는 것이 전통놀이다

나는 한국 문화, 그중에서도 전통놀이를 전하는 사람이다. 처음에는 여러 가지 강의를 하며 일상을 바쁘게 지냈다. 강의를 마치면 또 다른 강의가 기다리고 있었다. 다람쥐 쳇바퀴처럼 늘 바쁜 일상에 몸과 마음이 지쳐갔다. 몸이 힘들면 나를 지책하기도 했다.

'나는 강의에 소질이 없는 사람인가 보다.'

일상이 재미없어졌고, 그런 일상에서 탈출하고 싶었다. 그런 시간을 보내면서 나에게도 희망이 보였다. 나는 일반 강의에서 힘든 것을 전통놀이에서 재미를 찾는 것으로 이겨냈다.

전통놀이를 예절 수업에 접목해 같이 했다. 아이들은 예절 수업이 재미있다고 했다. 왜 늘 하던 따분한 예절 강의가 재미있어졌을까? 그것은 전통놀이 때문이었다.

놀이는 대부분의 사람들이 좋아한다. 놀면 좋고 놀면 재미있다. 나는 다른 강의에도 놀이를 병행했다. 같은 강의라도 전통놀이를 많이 했다. 예절과 다도 교육에도 전통놀이를 병행했다. 진로 교육에도, 웨딩홀 직원들의 직장 예절 강의에도 전통놀이를 했다. 기존에 강의를 할 때보다 전통놀이의 비중을 점점 더 늘려갔다. 할수록 점점 늘어나는 것이 전통놀이가 되었다. 전통놀이를 하니 재미있고 가르친다는 생각을 버리고 함께 소통하는 도구로 느끼며 수업할 수 있었다. 그래서 전통놀이를 더 많이 하게 되었다. 전통놀이는 나를 힐링시키고 상대방도 재미있게 만들어 즐거운 나날을 보내게 해주었다.

전통놀이의 종류는 다양하다. 나는 어릴 때 친구들과 많이 놀았던 기억이 있다. 골목이나 학교 운동장에서 고무줄 놀이를 하면 남자 친구들이 와서 고무줄을 끊고 도망가거나 치마를 들치며 '아이스께끼!' 하고 놀리곤 했다. 놀면서 놀림을 당하면서 울고 웃었던 기억이 난다. 잘린 고무줄은 다시 묶어서 놀기도 했다. 고무줄놀이를 생각하니 검정 고무신이 생각난다. 시골에서 나는 어릴 때 검정 고무신을 신었다. 추억의 검정 고무신이다. 고무신을 멀리 던지기 하며 많이 놀았다. 행사 때 체험 부스에서도 고무신 던지기는 반응이 좋다. 어떤 이들은 고무신을 기다리다가 자신의 신발을 멀리 던지기도 한다. 고무신 던지기 놀이는 고무신에 그림을 그리기도 한다. 안산의 Y고등학교에서 전교생을 대상으로 전통놀이 체험 부스를 진행했다. 고무신 놀이는 고무신에 그림을 그리는 활동도 같이 진행되었다. 다양한 그림이 그려졌다. 검은색의 고무신에는 조선 나이키라며 운동화의 상표를 그리기도 했다. 또래들과 함께 하는 고무신 놀이는 성인들도 재미있어 한다.

쥐불놀이를 해본 기억이 있는가? 쥐불놀이는 주로 해가 진 저녁이나 밤에 논에서 많이 했다. 깡통과 나무토막을 준비하여, 나무토막에 불을 붙이고, 불이 붙은 나무토막을 깡통 속에 넣어 돌리며 노는 놀이다. 쥐불놀이는 추수하고 난 논에서 주로 놀았다. 원래 쥐불놀이는 농사를 짓고 병충해를 없애려고 논에 불을 놓는 데서 유래가 되었다. 친구들과 쥐불놀이를 하다 실수를 해 볏짚에 불이 붙어 소방차가 불을 끄려고 출동하기도 했다. 그때를 두려움에 숨어버린 기억이 난다. 어떤 때는 논바닥에 불이 붙어 짚으로 불을 끈 기억도 있다. 신나게 돌리다 앞 머리카락을 태우기도 했다. 얼굴은 검정이 되어도 모른다. 요즘 같으면 거울을 들여다

보겠지만 저녁에 놀고 들어가면 잠자기도 바쁘다. 그렇게 자연을 벗 삼아 신나게 보내니 건강할 수밖에 없었다.

작은 돌멩이 5개를 주워 공기놀이도 많이 했다. 종이가 귀한 옛날 딱지치기는 달력이나 누런 종이 포대를 잘라서 만들어 놀았다. 겨울철에는 얼음이 얼면 논바닥에서 썰매를 타고 놀기도 했다. 우리 집에는 눈썰매가 아직도 있다. 아이들과 눈썰매장을 많이 갔지만 남편이 지방에서 근무하는 날이면 아이들과 신도림천에서 겨울에는 눈썰매를 타기도 했다. 눈이 오면 비닐 비료 포대를 깔고 미끄러져 내려오는 눈썰매를 타기도 했다. 이처럼 모든 곳이 놀이터이자 놀이 도구가 되었다.

시골에는 소를 많이 키웠다. 우리 집도 소를 키웠다. 농사를 짓는 가정에는 소가 큰일을 하기 때문이다. 아버지는 풀이 많은 곳에 소를 매어 두신다. 우리는 옆에서 소를 지켰다. 소에게 풀을 먹이기 위해 들판에 소를 풀어두고는 풀 묶기 놀이를 했다. 지나가는 사람이 묶인 풀에 넘어지는 상상을 하며 풀을 묶었다. 어느 때는 묶어놓은 풀을 잊고 지나가다가 내가 묶어놓은 풀에 넘어지기도 했다.

다양한 놀이를 생각하다 보니 고향 친구들이 그립다. 이제는 어느덧 반백 년을 훨씬 넘긴 세월이 흘렀지만 그때 친구들과 놀던 추억은 새록새록하다. 기회가 되면 다시 한번 친구들과 추억의 전통놀이를 해보고 싶다.

옛날에는 놀이가 일상이었다. 선조들은 농경 생활로 세시풍속 관련 전통놀이도 많이 했다. 요즘은 명절에 몇몇 전통놀이를 한옥 마을이나 민속촌에서 즐기기도 한다. 여러 추억의 전통놀이 중에 어떤 것을 해보았는가? 나도 비석치기, 제기차기, 팽이치기 등을 해본 기억이 있다. 그런 전통놀이를 많은 사람들에게 열심히 전한다. 전통놀이가 아니면 지금도 강의 준비로 시간을 보내며 스트레스를 받고 있을 것이다. 건강한 삶을 살 수 있게 나를 다시 태어나게 한 감사하고 소중한 전통놀이다.

보통 사람들은 전통놀이를 옛날 놀이, 추억 놀이로만 많이 알고 있다. 전통놀이를 알아보면 우리가 얻을 수 있는 좋은 점이 많다. 아이들의 인성 지도에 도움을 준다. 침착성과 창의력, 협동심 등을 길러준다. 전통놀이는 재미와 흥미를 유발할 뿐만 아니라 어르신들에게는 치매 예방에도 좋다. 이처럼 전통놀이는 남녀노소 누구에게나 좋다.

전통놀이에는 마력이 있다. 어릴 때도 놀이에 빠져 해가 저물도록 계속 놀은 기억들이 있지 않은가? 나는 친구들과 골목에서 재미있게 놀던 추억이 많다. 해가 저물어도 집에 들어오지 않자, 식구들이 찾으러 다닐 정도로 놀이에 빠져든 기억도 있다. 전통놀이는 한 번 하면 또 하고 싶을 정도로 끌림이 있다. 다 놀고도 돌아서면 또 놀고 싶은 것이 끌리는 마법과 같은 것이 아닌가 싶다.

그중의 하나가 고누놀이이다. 한 번에 끝내지 못하고 반복적으로 놀고 싶다. 혼자고누는 한 번에 끝내기 아쉬울 정도로 끌리는 마력이 있는 대표적인 놀이다. 혼자고누는 말 32개를 놀이판에 놓고, 한 칸씩 움직여 따내는 놀이다. 놀이가 진행됨에 따라 남는 개수가 다르다. 최대한 적게 수를 남기고 싶어 놀이가 계속된다. 기회가 되면 여러분도 끌리는 마력이 있는 고누놀이를 꼭 해보길 바란다.

전통놀이를 하다 보면 저절로 놀이에 관심을 두게 된다. 전통놀이에 관심을 가지면 우리나라에는 어떤 전통놀이가 있는지도 하나씩 알아가게 된다. 내가 어렸을 때 놀았던 쉬운 놀이, 추억의 놀이부터 알아보고 그 외 친구들은 어떤 놀이를 많이 했는지 관심을 가지다 보면, 점점 전통놀이 세상으로 빠져들게 된다.

전통놀이 세상으로 빠져들다 보면 나처럼 전통놀이를 알리는 강사도 될 수 있다. 놀면서 가르치는 일은 재미가 있다. 그래서 전통놀이를 쉽게 접하게 된다. 쉬워서 한번 배우면 나중에도 기억이 나기 때문에 평범한 사람도 같이 놀이를 가르칠 수 있다.

나도 전통놀이 강사가 되어 힘들어하는 어르신들과 전자기기에 빠져드는 사람들과 전통놀이를 함께 하며 건강한 시간을 보내려 한다.

우리 문화 전통놀이를 보급하는 데 일조하고 다른 사람을 즐겁게 하면서 동시에 내가 행복한 시간을 가질 수 있는 절호의 기회를 누려보고 싶지 않은가? 전통놀이의 관심과 열의로 매력에 풍덩 빠져 보자.

03

삶의 희망이 필요할 때 전통놀이를 하라

나는 지금 반백 년을 살아온 어른이다. 그런데 아직도 나는 어린아이와 같은 삶을 산다. 일, 여행, 일상적인 생활에는 늘 가족의 도움을 받으며 생활하기 때문이다. 일에 필요한 물건도 남편이 모두 챙겨준다. 심지어 차도 운전만 한다. 그런데 내가 유일하게 혼자 할 수 있는 일이 있다. 그것은 나의 직업이라고 생각하는 강의를 하는 것이다.

강의는 준비에서부터 강의하는 것에 이르기까지 누가 대신 해주지 못한다. 내가 해야 하는 일이다. 나는 옛날부터 강사의 꿈을 가졌다. 물론 내가 하고 싶은 일이었기에 거부 반응 없이 받아들였다. 그런데 나의 얕은 지식 탓에 강의가 쉽지 않다는 것을 금방 깨닫게 되었다. 강의를 하면서 준비에 허덕이고 있는 나 자신을 보면서 하고 나면 대단하다는 생각도 들었지만 몸이 힘들다고 느끼게 되었다. 젊은 나이에는 열정으로 견딘다고 하지만 점차 나이가 들어서는 억지로 안 된다는 것을 알았다. 물론 억지로도 하면 되겠지만 몸이 힘들어한다. 대학원 박사과정을 공부하면서 대상포진 증상이 나타나 한 학기를 휴학하기도 했다.

강의도 한 분야의 강의를 해야 하는데 여러 분야에 걸쳐 강의를 해나가다보니 당연히 힘이 들 수밖에 없었다. 정말 내가 잘하는 것은 무엇일까? 강사라는 자리에서 계속해서 제자리걸음을 하게 된 탓에 늘 생각에 잠기고 고민에 빠지는 일이 나의 일상이 되었다.

어느 날 전통놀이를 하고 나도 힘이 들지 않고 재미가 있다는 생각이 들었다. '그래, 이거야! 내가 즐거운 강의를 하는 거야!'라고 생각을 하고 나에게 힘이 되는 강의, 나에게 즐거움을 주는 강의는 전통놀이와 관련된 분야라고 생각하게 되었다. 그런 마음을 먹고 전통놀이를 나의 주 강의 분야로 선택을 했다.

강의가 나의 직업이 아닌가 보다 하고 힘들어할 때 나에게 찾아온 전통놀이는 다른 분야에서 강사의 길을 가도록 이어주는 희망의 빛이 되었다. 그 후부터는 즐거운 강의 시간의 연속이다. 이제는 강의를 준비하지 않아도 술술 풀 수 있다. 하지만 방심하지 않고 늘 관심을 준다. 왜냐하면 논문을 전통놀이와 관련된 것으로 쓰려고 하기 때문이다. 연구의 고민은 연속이지만 즐거운 고민을 하니 행복하다.

전통놀이는 잠시 나의 현실을 잊게 해주는 고마운 것이다. 가족과 잠시 다투어도, 현재 어려운 과제가 있어도, 경제적으로 힘들어도 모든 것을 잊게 해주는 전통놀이는 팍팍한 삶을 헤쳐나갈 희망의 무기였다. 나는 전통놀이 강의를 하면서 시름을 잠시 잊는다. 강의가 없으면 전통놀이 방법을 다시 연구하면서 생각의 전환을 한다. 나에게 희망의 돌파구는 전통놀이이다.

전통놀이는 재미있다. 놀이가 뭐가 그리 재미있을까 생각이 들 것이다. 양반놀이를 하면 잠시 내가 양반이 된 것 같이 행동을 하게 된다. 놀이를 마쳐도 여운이 남아 어투가 달라진다. 전통놀이 속에서 찾은 지혜는 내가 살아가는 일상에서 빛을 발하며 함께한다. 여러분도 잠시 머리를 식히고 싶으면 전통놀이를 찾기 바란다.

나의 희망, 전통놀이는 삶에 빛을 발하는 등대와 같다. 삶의 희망인 전통놀이는 내가 어려울 때 즐거움을 주고 많은 사람들과 놀면서 소통하고 공감하게 해주기 때문이다. 서로에게 유익한 전통놀이로 우리 문화의 맥을 이어가는 희망의 전도사가 되고자 한다.

나처럼 꿈과 비전을 향해 나아가다 희망을 찾은 사람들이 있다. 유명한 선수들을 보며 꿈을 키우기도 한다. 김연아 선수는 그 자리에 있기까지 얼마나 많이 얼음판에서 넘어졌을까? 단번에 더블 악셀에 성공하는 것이 아니다. 훈련으로 다져진 결과가 있기에 김연아라는 선수가 탄생했을 것이다. 박지성, 손흥민, 박찬호 선수 등도 거듭된 훈련을 자신과의 투쟁으로 받아들이고 이겨냈을 것이다. 그들만의 피나는 노력이 그들을 그 자리에 서게 했다고 본다. 유명인들에 비하면 나의 시간은 아무것도 아니다. 어린이집 교사에서 강의를 모르는 사람이 강사가 되고 강사가 되어 전통놀이에 취해 나의 전문 분야를 찾았다. 물론 날밤을 새워가며 강의 준비를 하긴 했지만 그들에 비할 바는 아니다.

나는 힘든 시기를 겪으면서 찾은 희망이 전통놀이이지만, 여러분들에게 나와 같이 힘든 시기를 거치지 않고 가는 길이 있으면 가라는 의미에서 소개를 하는 것이다. 실제로 전통놀이를 배우고 바로 강의를 하는 사람들이 많기 때문이다. 자신을 위해 배운 강의가 이제는 다른 사람들에게 행복을 전하는 도구가 되는 전통놀이다. 많은 사람들에게 희망을 전해주는 도구가 전통놀이가 되었으면 하는 바람이다.

세상은 급속도로 빠르게 변하고 있다. 이기주의가 팽배해지고 인정은 점점 메말라가는 세상이다. 더 쉽고 편한 것만을 찾으려고 한다. 구습은 사라지고 있다. 우리나라의 전통놀이도 잊히고 있다. 우리의 삶과 함께

한 전통놀이의 소멸은 우리의 놀이 문화가 사라지는 것이다. 나는 전통놀이가 사라지는 것이 안타까워 전통놀이를 전파하는 데 일조하고 있다.

놀이는 누구에게도 강요당하지 않는 자유로운 활동이다. 자유의지에 의해서 선택된 자발적 활동일 때 재미를 보장한다. 공유할 수 있는 활동이라 옛날에는 많은 놀이를 했다. 전통놀이가 강요당하기 싫어하는 요즘 시대의 많은 사람들에게 소통의 도구가 되기를 바란다. 전통놀이를 바로 알고 이웃에게 전승하여 같이 즐기면서 서로가 보람된 시간을 보냈으면 한다.

코로나로 어려운 시기에 삶의 돌파구를 찾는 분들이 많이 있을 것으로 보인다. 강사들도 강의가 줄어들어 힘들어한다. 그러나 전통놀이는 즐거움을 준다. 힘든 시간을 잊게 해주는 도구이다. 어느 날 책상 위에 있는 책을 펴는 순간 나의 현실과 같은 문구가 눈에 쏙 들어왔다.

"나의 한계는 나 스스로 만들어낸 것이다. 최악의 적은 나다."

– 나폴레온 힐, 『결국 당신은 이길 것이다』

나는 일상이 힘들거나 나약해질 때 이 책의 제목을 보면서 이겨냈다. 그리고 다른 강의를 거의 접고 오로지 전통놀이를 하며 힘든 시간을 벗어나려고 했다. 나는 전통놀이를 하면 무념의 시간 속으로 빠져들게 나는 기독교인이다. 종교를 떠나서 놀이는 신명이라는 혼을 불러주었다.

무념의 시간이 될 때 나의 고뇌는 사라지고 행복 그 자체가 된다. 놀이는 이런 맛이 있다.

나는 여행을 좋아한다. 옛날에는 먼길을 다니면서 주막이나 다른 집에서 잠시 묵었다. 주막에서 기다리며 하던 놀이를 소개한다. 서양에서는 탱그램이라고 하는 칠교놀이다. 글로벌 시대에 맞는 삶의 지혜가 녹아있는 놀이 중 한 가지이다. 칠교란 7개의 조각이란 뜻이다. 7개의 조각으로 여러 가지 모양을 만드는 놀이다. 반드시 7조각을 모두 사용하여 모양을 만들어야 한다. 손님들이 음식을 기다리며 놀던 놀이로 유객판이라고도 한다. 지혜를 담아 갖가지 모양을 만들어내므로 '지혜판'이라고도 불렀다. 다른 나라에서도 많이 하는 놀이 중의 하나이다.

칠교판은 중국의 탄이라는 사람이 전했다는 이야기도 있다. 큰 삼각형과 작은 삼각형이 2개, 중간 삼각형이 1개, 그리고 평행사변형과 정사각형이 1개씩 모두 7개의 조각이 필요하다. 놀이 인원은 혼자서나 팀 놀이도 가능하다. 팀 놀이는 도안을 주고 먼저 만드는 팀이 이기는 것으로 해서 점수 내기도 가능하다. 칠교놀이는 모양을 만드는 놀이다. 동물이나 꽃 등 다양하게 만들 수 있다. 놀이 대상은 어린아이에서 노인에 이르기까지 모두 가능하다. 다양한 모양을 만들어 소개하는 시간을 가져도 좋다. 아이들은 창의력이 풍부하여 다양한 작품이 나온다. 이처럼 칠교놀이는 창의력을 키워주고 소근육 발달과 치매 예방에도 좋은 놀이다.

▶ 칠교놀이

04

배려해줘서 고마운 전통놀이

"마음을 자극하는 단 하나의 사랑의 명약, 그것은 진심에서 나오는 배려이다."

– 메난드로스

나는 지금까지 주변 사람들 덕분에 삶을 살았다. 나에게는 고마운 은사님을 소개하고 싶다. 지금 박사 논문을 지도해주시는 한양명 교수님은 당연히 감사한 분이시고 그 외에도 나에게 학업을 할 수 있도록 추천해주신 곽병덕 교수님께도 감사하다. 지금 하늘나라에 계시는 고 김상곤 교수님은 나에게 교수가 되도록 동기 부여를 해주신 고마운 분이다. 엄마처럼 나를 품어주신 박창순 교수님도 계신다. 나는 처음 대학 공부를 학위를 받으려는 목적으로 시작했다. 그러니 공부를 제대로 했겠는가? 그런데도 찬찬히 학업을 할 수 있도록 도움을 준 귀한 분이다. 내가 학업을 할 수 있도록 배려해주신 분들이기에 더욱 감사하다. 젊은 나이에 교수직을 하신 고 김상곤 교수님은 도라지꽃을 좋아하셨다.

우리 집 부근에는 식물원이 있다. 오늘도 아침 산책을 다녀왔다. 오는 길에 도라지꽃의 냄새를 맡아 보았다. 꽃의 냄새는 맡을 수 없었지만 꽃은 웃고 있었다. 옆에는 꽃을 피우려는 봉오리들도 있었다. 그 꽃은 나와 같이 꽃을 피우기 위해 준비를 하고 있는 듯했다.

고 김상곤 교수님이 젊은 나이에 교수가 되신 것을 보면서 동기 부여를 받아 나도 교수가 되고 싶다는 꿈을 품게 되었다. 박창순 교수님은 인자하신 분으로 말씀도 조리 있게 맛깔나게 하시는 분이다. 교수님은 언어적으로 뛰어난 분 같다는 생각이 들었다. 현재 박사과정의 지도 교수님이신 한양명 교수님은 사전이라고 하면 적당할까? 그 정도로 해박한 지식의 소유자이다. 지도 교수님 앞에서는 말을 함부로 할 수 없을 정도로 두렵고 떨린다. 하지만 인자하시고 배려심이 많은 교수님을 존경한다.

나에게 소중한 은사님들을 떠올리며 배려라는 글자의 의미를 생각해 보았다. 배려의 사전적 의미는 '여러 가지로 마음을 써서 보살피고 도와준다'이다. 배려란 마음 씀씀이, 남을 존중하고 상대방의 입장을 생각하는 것을 말한다. 배려라는 단어를 찾다 보니 감사한 분이 또 떠오른다. 책 쓰기 과정에서 나에게 많은 도움을 주신 〈한책협〉의 대표이자 나의 멘토이신 김태광 대표이다. 〈한책협〉의 1일 특강을 듣고 책 쓰기를 신청 후 실제로 전통놀이에 관한 책을 쓰라고 정해주신 분이다. 주제를 정하고, 목차와 꼭지 제목을 만들고 글을 써 내려가는 과정은 쉽지가 않았다. 그 당시 나는 학교 공부를 병행해서 하고 있었다. 학교 수업을 듣다 보니 책 쓰기의 과제 수행에도 성실하지 못했다. 그럼에도 김태광 대표와 〈한책협〉 식구들의 배려로 끝까지 포기하지 않고 여기까지 왔다. 감사한 분들의 관심과 배려 덕분으로 나는 반드시 베스트셀러 작가가 된다는 목표도 생겼다. 주변에 나를 배려해주시는 사람들 덕분에 나는 잘된다.

배려의 사전적 의미도 앞서 말했지만, 배려는 마음을 전하는 것이다. 배려는 상대방에게 베푸는 것이다. 배려는 미소를 머금게 한다. 배려는 이기적이지 않다. 배려는 서로에게 좋은 효과를 준다. 배려를 많이 하면 건강하고 행복한 일상이 된다. 이런 좋은 배려를 여러분은 하고 계신가요? 나는 나를 배려해주는 분들이 주위에 있기 때문에 여기까지 왔다. 반드시 고마움을 표시할 날이 올 것이다.

배려라는 단어는 퇴계 이황 선생을 떠오르게 한다. 그는 현명하면서 배려심도 많았다. 그는 우리나라 지폐인 천 원짜리에 나와 있다. 나는 돈을 좋아한다. 여러분도 돈을 좋아하는가? 그런데 많은 사람들이 만 원, 오만 원 권의 지폐를 좋아한다. 돈은 금액을 떠나 모두 소중하다. 나는 천 원짜리에 나오는 그림을 소개하고자 한다. 어떤 그림을 떠올리고 계시는가? 퇴계 이황의 얼굴을 생각하고 있을 수도 있다. 그런데 나는 투호통을 이야기하고자 한다. 나는 투호놀이를 하기 전 천 원짜리 지폐를 보여주며 놀이를 시작한다.

천 원짜리 지폐의 그림이 계속 바뀌고 있다. 신권에는 없지만 옛날 천 원짜리 지폐에는 투호통이 그려져 있었다. 그래서 퇴계 이황 선생과 투호놀이에 관한 이야기를 시작으로 투호놀이를 시작한다. 퇴계 이황 선생은 정신 장애를 가진 권 씨 성의 둘째 부인이 있었다. 아내 권 씨는 몸이 불편한 사람이었다. 그럼에도 부인에 대한 배려를 통해 퇴계의 인품을 엿볼 수 있다. 장애를 가졌지만 부인에 대한 배려는 남달랐다고 한다. 그의 배려에 관한 이야기는 궁에 나갈 때 입은 의복과 조상의 제사 때 올린 과일에 대한 일화가 유명하다. 퇴계가 머리를 식힐 때 주로 한 놀이가 투호놀이라는 것을 그림을 보고 예측해본다.

내가 전통놀이에 빠진 것도 놀이가 나와 맞기 때문이다. 전통놀이는 놀면서 타인을 배려한다. 전통놀이는 사람들에게 부정적 영향을 미치기

보다는 긍정적인 영향을 더 많이 준다. 다양한 전통놀이 중 앞에서 이야기한 투호놀이는 놀이 시작부터 상대방을 배려하는 놀이다. 전통놀이를 하면서 양보하고 협동하는 과정을 겪으며 저절로 배려심이 커진다. 투호놀이는 인사를 시작으로 상대방에게 먼저 하기를 권한다. 전통놀이에는 이처럼 배려심을 키우는 놀이가 많다. 사람을 헤아릴 수 있는 것은 오직 마음에서 나온다. 전통놀이는 상호작용을 하면서 협동, 양보, 공유하는 배려심을 키우는 놀이로 사람의 됨됨이를 터득하는 데 도움을 준다.

전통놀이로 배려심을 키우는 놀이 중 하나로 몸으로 하는 놀이를 소개한다.

말뚝박기 놀이다. 말뚝박기 놀이는 몸으로 하는 놀이다. 도구가 따로 필요 없다. 말뚝박기 또는 말타기 놀이라고도 한다. 편을 정해서 말이 되거나 말을 타기도 하는 놀이다. 말뚝박기 놀이는 주로 남자들이 많이 했던 놀이다.

놀이 방법은 다음과 같다.

① 편을 가른 다음 대장을 가위바위보로 정한다.

② 진 편의 대장이 벽에 기대어 서고 나머지는 허리를 굽혀 머리를 사타구니에 끼워 말을 만든다.

③ 이긴 편은 멀리서 뛰어와 두 손으로 말 등을 짚고 올라탄다. 이때 최대한 앞으로 올라타야 뒷사람도 많이 탈 수 있다.

④ 말에 다 올라타면 벽에 기대어 선 사람과 가장 처음 올라탄 사람이 가위바위보를 하여 처음에 진 편이 이기면 말을 교체한다. 도중에 올라타다가 발을 땅에 딛거나 넘어져도 말을 바꿔가며 놀이는 계속한다.

이 놀이는 말을 세울 때 약한 친구를 배려해주기도 한다. 상대 팀은 약한 친구를 공격하며 손바닥을 세게 짚고 올라타는 놀이를 하기에 재미를 더해주는 놀이다. 옛날에는 흙에서 놀았기 때문에 넘어져도 별로 다치지 않았다. 그러나 요즘은 시멘트 바닥이라 넘어지면 크게 다칠 위험이 있어서 운동장이나 잔디밭에서 하기를 추천한다.

전통놀이는 자연스럽게 상호작용을 할 수 있다. 서로 타협하고 갈등하는 과정에서 해결력도 기른다. 전통놀이는 특별한 도구가 없어도 간편하게 할 수 있다. 주변의 사물을 이용하여 즐길 수도 있다. 놀이 방법이 쉽다. 놀이를 하면서 배려심과 끈기와 창의력 등 다양한 장점을 기를 수 있다.

전통놀이는 자기 중심적 성향에서 벗어나 사회문화적 관계를 중요시하며 정서적 유대감을 강화하는 데 유익하다. 놀이 시 놀이 규칙을 지키고, 순서를 기다리며 남을 배려하는 마음을 배운다. 다양한 사회적 상황을 경험함으로써 사회적 기술을 향상할 수 있다.

요즘처럼 개인주의가 만연한 세상에 전통놀이의 긍정적인 면을 경험하여, 타인을 내가 먼저 배려하고 존중하는 건강한 사회를 만드는 데 나와 가족, 이웃들이 함께하기를 바라는 마음으로 전통놀이의 긍정적인 면이 많지만 몇 가지만 나열한다. 참고하기 바란다.

- 우리 고유의 전통놀이를 통해 전통문화에 익숙해진다.
- 전통놀이의 즐거움을 경험한다.
- 한 팀이 되어 소통하면서 협동심도 기른다.
- 놀이 규칙을 잘 지키며 놀이를 한다.
- 신체의 상하좌우의 균형과 집중력과 순발력, 유연성을 기른다.
- 유아에서 성인에 이르기까지 모두에게 유용한 놀이이다.
- 어르신들의 치매 예방에도 좋다.

05

인생의 가치를 전통놀이에서 찾다

"늘 자신을 알리는 데만 급급하지 말고, 자신의 가치를 높이는 데 전념하도록 하라"

– 공자

나는 지난 시절 나의 인생의 가치 척도에 돈을 결부시켰다. 물론 살아가는 데 꼭 필요한 것이 돈이다. 나는 돈이 많으면 행복하고, 궁핍한 생활은 가난을 가져오므로 불행하다고 생각했다. 하지만 행복지수가 높은 나라의 사람들을 보면 가난한 나라 사람들이 많고, 부유한 나라 사람들보다 더 행복감을 느끼는 것을 볼 수 있다.

나는 책을 좋아한다. 책을 보며, 유명한 사람들의 덕목과 가치를 따라 해보기도 했다. 나는 벤자민 프랭클린의 관련 내용을 읽으며 13가지 덕목을 지키기 위해 기록하기도 했다. 절제, 침묵, 성실, 정의, 결단, 절약, 근면, 성실, 중용, 청결, 평정, 순결, 겸손의 단어를 내 마음과 일상에 새기려고 노력했다. 특히 겸손의 덕목은 벤자민 프랭클린의 일화로도 유명하다. 나는 덕목을 새기며 몸에 배도록 습관을 들이려고도 노력했다.

나는 이렇듯 무엇이 좋으면 따라 해보는 귀가 얇은 친구였다. 진정 인생의 가치를 모르는 아이와 같은 삶을 살았다.

나의 힘든 여정은 결혼 후부터 시작되었다. 그 당시는 건설 경기가 좋아서 건설회사에 다니는 남편의 월급으로 취미 활동을 하며 부족함 없이 잘 지내도 되는데 왜 일을 만들었는지 나도 모른다. 배움에 대한 갈망이 나를 끌고 간 것 같다.

나는 어린이집을 운영하면서 평상시 갖고 있던 고졸의 학력 콤플렉스로 대학 공부를 시작하게 되었다. 결혼을 계기로 고졸 학력은 대졸 남편을 모신다는 마음을 가질 정도로 나는 자존감이 낮았다. 일을 하면서 또 다시 나는 나의 욕망을 채우기 위해 전문대학에 입학했다.

처음 대학에 입학한 동기는 졸업장을 받기 위해서다. '졸업장만 있으면 돼!'라는 생각으로 시작했다. 그러다 보니 공부에 가치를 두지 않았다. 공부에 흥미가 없는 것은 당연했다. 공부는 내가 하는 것이 아니라 늘 남편의 도움으로 했다. '졸업장만 있으면 돼.'라는 생각은 공부의 가치보다 할 수 있는 생각이었다.

그런 내가 다시 학사 편입을 했고, 지금은 대학원 박사과정을 수료하게 되었다. 석사도 가끔 남편이 도와주었다. 박사는 내 힘으로 해보고 싶었다. 이제는 그 자체에 가치를 두고 다시 시작한 공부를 하며 나는 힘이 들어 눈물을 흘리기도 했지만 원망은 하지 않았다.

보육 교사의 배움을 시작으로 배움의 길은 어느덧 20년이 지나고 있다. 지금은 한국 문화에 빠져 한복 체험과 전통놀이를 가르치고 있다. 여러 가지의 배움의 끝은 바로 우리 문화를 알리는 것이었다.

전통놀이에서 재미를 알고부터, 전통놀이의 신명이 내 인생의 가치를 찾게 한 것이다. 무조건 가르치려고 한 시기를 지나 이제는 강의의 맛을 알게 되었다. 전통놀이는 나에게 강의의 맛과 인생의 가치를 알게 해준 고마운 놀이다.

음식에도 맛이 있다. 어린아이들은 음식의 깊은 맛을 모른다. 나는 성인이 되어도 시원한 맛, 깊은 맛을 몰랐다. 결혼 후 아이를 키우고 40대가 되어서야 시원한 맛과 깊은 맛을 알게 되었다.

내가 일을 하면서 찾은 인생의 가치도 이와 마찬가지다. 처음 나의 강의는 일 그 자체였다. 일의 맛을 모르고 일로만 생각하고 달려가니 당연히 힘이 들 수밖에 없다.

어느 날 나에게 찾아온 전통놀이는 인생을 맛을 알게 했다. 힘든 시간이 사라지고 즐기는 자체가 행복했다. 즐기며 보내는 시간에 타인을 이해하고 사소한 것에도 감사할 줄 아는 사람으로 바뀌었다. 일의 가치를 알게 해준 소중한 전통놀이는 나의 인생이 되었다. 전통놀이는 인생의 멋과 내 인생의 가치를 찾아 준 것이다.

『프레임』의 저자 최인철 작가는 주변 사람과 소통되지 않을 때 힘이 든다고 했다.

"세상을 변화시키지 말고 내가 변해야 한다."

삶이 힘든가? 프레임을 바꿔보자. 나는 전통놀이로 나의 생각을 바꾸고 인생의 가치를 찾았다. 책의 제목과 저자는 생각이 안 나지만 좋은 글이 있어 적어본다.

“유능한 사업가는 소비자에게 상품을 팔려고 하지 말고 가치를 생각해야 한다.”

나는 많은 사람들에게 전통놀이로 소통을 하면서 다른 사람들에게 전통놀이의 상품을 파는 사람이 아닌 전통놀이로 내가 찾은 행복의 가치를 전하고 싶다. 전통놀이를 가르치는 시간을 통해 배우는 사람들에게 전통놀이 가치를 알게 하고 싶다. 그래서 나는 스스로 전통놀이의 가치를 알게 만든다.

‘다음에는 무슨 놀이 해요?’

즐거움과 궁금증을 유발하게 한다. 휴식시간에도 감사의 인사가 끊이지 않는다. 수업을 마쳐도 단톡으로 감사하고 유익한 시간이었다는 메시지가 전달될 정도이다. 배움의 시간이 빠르게 지나가서 아쉬움을 남기고 다음 시간을 설렘으로 기다리게 한다. 전통놀이의 가치를 스스로 깨닫게 만든다.

물론 가르치는 사람이 어떻게 가르치느냐에 따라, 그리고 받아들이는 사람들과의 소통이 잘 되어야 수업이 행복한 시간으로 이끌어지지 않을까 하고 생각도 된다. 나의 수업은 늘 동일하게 감사의 메시지가 날아온다. 수업을 마치고 필요한 경우에는 자료도 공유한다. 나의 수업에는 청강도 가능하다. 수업을 마치면 종료가 아니고 시작이다. 전통놀이의 배움을 통해 더 알고 싶어 갈망하는 사람들이 많다. 같이 소통하고 한배를 탄 식구들이기에 더 살뜰히 챙긴다.

이러한 나의 생각은 수요처와도 소통이 잘 이루어져 한 번 간 곳은 몇 번에 걸쳐 더 가게 연결되는 이유이기도 하다. 전통놀이를 좋아하고 상대방을 배려하며 소통하는 나의 삶의 궁극적인 목적은 전통놀이에서 찾은 즐거움으로 살아가는 인생의 가치를 다른 이들과 함께 나누기 위함이다.

'궁즉통'이라고 했는가? 마음이 통하면 만나게 되어 있다. 나에게 전통놀이를 배운 사람은 뉴질랜드에서도 소통한다. 얼마 전에는 브라질에서 블로그를 보고 톡을 해서 메시지를 주고받기도 했다. 브라질의 문화를 가르치는 그와 마음이 통해서 대화가 되었던 것 같다.

사람들은 놀면서 태어났다. 사람들은 노는 것을 좋아한다. 사람마다 각자의 노는 방법이 다르다. 나는 전통놀이를 하며 건강하게 논다. 나처럼 건강하게 놀면서 인생의 가치를 전통놀이에 두는 사람은 나와 소통이 된다. 전통놀이에 관심이 있어도 된다. 놀면서 소통으로 인생의 가치를 알아갈 수 있다.

06

같은 놀이도 더 맛있게 흥미진진한 놀이

요즘 초등학교에서는 몇 년 전부터 인성 지도에 도움을 준다고 하여 수업에 전통놀이를 활용하는 방안을 많이 찾고 있다. 또한, 치매 예방에 도움을 주어 요양보호기관이나 어르신들이 계신 곳에서 전통놀이를 많이 하고 있다. 학교, 복지관, 다문화센터 등 다양한 곳에서 찾고 있다. 나는 한국 문화 전통놀이를 강의하며 많은 사람들을 만난다. 성인들이나 학생들과 만나는 장소에는 늘 하는 질문이 있다. 전통놀이 중에 아는 것을 묻는다. 공기놀이, 제기차기, 윷놀이, 비석치기, 연 날리기 등 대답이 거의 비슷했다. 강의를 나가서도 아이들에게 "오늘은 투호놀이 할 거야!"

라고 말하면 돌아오는 답은 "그거 다 알아요! 재미없어요!"라는 대답이 돌아온다. 실제로 투호놀이는 가장 많이 사람들이 알고, 많이 해온 놀이다. 아이들의 대답도 맞다. 그런데 나는 전통놀이를 어떻게 지도하느냐에 따라 아이들의 답이 달라지지 않을까 생각한다.

전통 체험 행사를 하는 곳이나 명절날 휴게소에 임시로 마련된 전통놀이 장소에서 누구나 스스로 전통놀이를 체험할 수 있다. 같은 놀이가 여러 체험 현장에 준비되어 있다. 같은 놀이가 준비된 것은 많은 사람들이 쉽게 할 수 있는 놀이를 찾기 때문이라고 생각한다. 그렇기 때문에 나는 학생들의 답을 듣고 고민을 했다. 전통놀이의 종류도 많은데 왜 같은 놀이만 알리는가?

나는 전통놀이를 강의하는 강사다. 전통놀이에 관심을 가지는 사람들을 대상으로 강사들도 양성하고 있다. 전통놀이 전문가 양성 과정에서는 놀이의 종류가 많다 보니 몇 개를 알리고 나면 시간이 부족하다. 그런데 왜 체험 현장에서는 같은 종류의 놀이를 같은 방법으로만 전하는지 궁금해졌다.

나는 전통놀이를 하면 시간 가는 줄을 모른다. 아이들에게 아는 놀이를 물어볼 때 "그 놀이 재미없어요."라고 대답할 때가 있는데, 그 답변에서 보여지는 무관심을 마음에 품고 전통놀이를 처음 배우러 오는 사람들이 있다. 아이들과 같은 마음을 품고 온 사람들은 표정이 다르다. 강사

과정에서 처음 만난 사람들에게 놀이에 관해 질문을 해보아도 다르다.

전통놀이는 옛날에 놀아본 놀이, 옛날부터 내려오는 놀이, 재미있는 놀이, 쉬운 놀이, 추억의 놀이 등 다양한 답변을 한다. 재미있는 놀이, 추억의 놀이, 쉬운 놀이 모두 맞다. 그런데 왜 아이들은 같은 놀이를 재미없다고 했을까? 나는 감히 답을 할 수 있다. 그것은 누구에게, 어떻게 배우느냐에 따라 아이들의 답이 달라진다고 본다.

같은 방법을 가지고 같은 놀이만 하면 당연히 놀이가 재미없다는 생각을 가질 수도 있다고 본다. 그러나 나와 실제로 놀아보고 나면 재미없다는 말은 쏙 들어가게 된다. 전통놀이를 가르치는 과정에서 어떻게 놀이를 전하는가가 중요하다고 본다.

사람들이 같은 놀이를 같은 방법으로 배우면 '나도 저건 알아.'라고 쉽게 거부하고 받아들이지 않으려는 마음이 든다. 그런 마음에서는 아이, 어른 할 것 없이 누구나 놀이가 재미가 없어진다. 나도 처음부터 이렇게 사람들의 마음을 읽은 것은 아니다. 나도 처음에는 다른 강의를 하면서 많이 힘이 들었다. 강의하며 겪은 경험을 통해 알게 된 것이다.

같은 강의를 하면서도 왜 재미가 없는지를 알았다. 그것은 그들과 소통이 되지 않기 때문이다. 나의 강의를 듣는 사람들과 함께 소통하며 하는 강의는 재미가 없을 수 없다. 가정이나 직장이나 주변 사람들 등 소통이 되지 않으면 인생에 재미가 없듯이 강의도 마찬가지라고 본다.

나는 전통놀이를 하면 행복하다. 나는 처음부터 전통놀이로 행복을 느끼지 못했다. 처음에 강의를 하려고 했던 목적이 돈을 벌기 위한 것이 아니었다고 말한다면 그건 거짓말이다. 그런데 그것보다는 일 자체를 중시 여겼다. 일을 일로만 보고 소처럼 그냥 열심히 하면 되는 것으로 알았다. 나 자신을 일의 노예로 부리고 있었던 것이다. 그러니 재미라는 것은 생각을 못하고 지낸 것 같다.

어느 날 나에게 찾아온 전통놀이는 강의가 일이라는 생각을 잊게 했다. 이제는 놀이로 소통하는 강사가 되어 많은 사람들에게 위안을 준다. 지친 일상의 피로를 풀고 놀이를 통해 타인들에게 행복을 전한다. 인공 조미료가 가미되지 않은 천연 조미료를 사용하여 놀이로 소통한다. 같은 놀이도 맛나게 놀고 싶은 이유가 여기에 있다.

요즘 많은 사람들이 전통놀이를 하고 있다. 우리 문화 전통놀이를 전하는 것은 모두 소중하다. 전통놀이를 지금 하는 일에 접목을 시켜 활용하는 것은 정말 잘하고 있는 일이다. 찬사를 보내고 싶다. 소중한 사람들이 전통놀이에 함께 동행하고 있어 감사하다. 한 사례를 들어보고자 한다. 나에게 다른 강의를 배우고 알게 된 강사는 전통놀이를 알고 자신의 본업에 접목을 시키고 싶다고 했다. 나는 정말 좋은 생각이라고 했다. 그는 상담을 하는 사람이다. 상담을 진행하면서 소통의 도구로 전통놀이를 같이 하고 싶다고 했다. 나는 적극 찬성을 했다. 그는 지금도 잘 활용하고 있다고 하며 간간이 안부를 묻는다.

내가 좋아하는 일을 찾았으면 이제부터는 즐겨라. 나는 즐기기 위해 전통놀이를 찾는 사람들과 소통을 하고자 했다. '재미있게 놀면 되지, 뭘 어렵게 소통까지?'라고 생각할 수도 있다.

소통을 위한 놀이 방법은 다르다. 그냥 놀고 간 사람과 소통을 하며 놀이를 한 사람은 받아들이는 차원이 다르다. 나도 한때 놀이를 놀이로만 받아들였다. 수업만 듣는 것으로 시작했다. 수업을 들어도 나중에는 놀이 방법이 하나도 기억나지 않았다. 그런데 내가 즐기고 재미를 느끼게 되면서 놀이에 관심을 가지니 기억이 나기 시작했다.

재미있게 즐기면서 소통을 하고 간 사람들은 여운이 길게 남는다. 재미있게 놀았으니 생각을 하게 되고 혼자 미소를 자주 짓다 보니 인상도 달라진다. 놀면서 마음에 상처가 있는 사람은 치유가 된다.

전통놀이를 맛나게 놀기 위해서는 관심이 필요하다. 전통놀이에 관심을 가지고 사랑하다 보면 일상이 즐겁다. 전통놀이를 전통놀이에만 활용하지 말고 일상적인 다른 일에서도 진정한 소통의 도구로 활용할 수 있다.

같은 놀이라도 재미있고 흥미있게 놀다 보면 놀이가 더 재미있어진다.

놀이가 재미가 있으니 더 놀고 싶어지게 된다. 나는 전통놀이 강의에서 놀이를 하는 사람들이 놀이 삼매경에 빠진 것을 자주 본다. 물론 그들은 자신들이 배워 바로 사용하려고 하기 때문이다.

그런데 나처럼 처음에는 관심을 두지 않아 흘려듣는 강사도 있다. 나는 처음 전통놀이를 배울 때 '아~ 비석치기구나. 아~ 이렇게 노는구나.'라고 생각하는 것에 그쳤다.

'지금 하는 예절 강의로도 충분해!'라는 고정 관념이 있었기에 다른 것을 받아들이려는 생각을 하지 않았다. 나와 같은 생각을 가지면 그 시간에 전통놀이의 배움은 끝이 난다.

그러나 진정 전통놀이의 맛을 알면 흥미진진한 놀이가 될 수 있다. 놀이를 하며 보내는 시간 동안은 사람들이 휴대폰과 컴퓨터, TV와 같은 전자매체를 멀리하게 되어 건강에도 좋다. 전통놀이 삼매경에 빠지면 일, 건강, 행복을 더불어 가지니 일석삼조가 된다. 전통놀이를 보급하고 계승 발전하는 데 일조하니 일석사조인가?

전통놀이에 관심이 가는가? 쉬고 싶은 사람도 놀이를 하며 휴식을 가질 수 있다. 자신의 일에 도움을 받고 싶은가? 나도 어려운 시기를 거치고 이제는 놀면서 행복한 일상을 만들어간다. 나와 같이 전통놀이를 하며 함께 놀아보자. 추억을 돌려주고, 힘들고 지친 사람들에게 도움을 주는 조력자로 전통놀이를 추천한다. 전통놀이하며 힘을 실어주는 소통의 도구로써 전통놀이가 그들과 함께하기를 기대해본다.

07

전통놀이에 인생의 답이 있다

이제 나는 나이 반백 년을 넘게 살아가고 있다. 그래서인가. 전에는 생각지도 않던 인생이란 단어도 생각나게 한다. 이제 나도 익어가고 있는 것일까? 나는 노사연의 〈바램〉이라는 노래를 좋아한다. 운전할 때 〈바램〉 노래가 나오면 절로 흥얼거리게 된다.

그런데 좋아하는 노래인데 따라 하면서 하염없이 눈물이 난다. 노래 가사가 나의 삶을 이야기하는 것 같다. 지금 이 순간 글을 쓰면서 다시 노사연의 〈바램〉 노래를 들어본다. 눈에는 나도 모르게 눈물이 고인다.

'내가 힘들고 외로워질 때
내 얘길 조금만 들어준다면
어느 날 갑자기 세월의 한복판에
덩그러니 혼자 있진 않겠죠
…
지친 나를 안아주면서
사랑한다
정말 사랑한다는
그 말을 해준다면
나는 사막을 걷는다 해도
꽃길이라 생각할 겁니다
우린 늙어가는 것이 아니라
조금씩 익어가는 겁니다'

노래 가사가 너무 와닿는다. 노래를 들으면서 글을 쓸 수가 없을 정도로 하염없이 눈물이 났다.

그동안 나는 어린아이처럼 철부지라는 생각만 들었는데 어느덧 나도 감성에 젖어 익어가는 인생을 사는 나이에 접어들었는가? 나는 인생이란 단어도 모른 채 늘 일만 하며 살아왔다. 강의 준비에 힘은 들었지만,

그것이 나의 삶의 연속이라는 당연한 생각만 했다. 휴일에도 강사 과정이 진행되면 휴일도 없이 강의를 계속했다.

휴일도 없이 일을 하면서 점점 쉬면서 하자는 마음이 있었는지 언제부터인지 강의도 여행처럼 즐겁게 다니게 되었다. 강원도나 제주도에 강의가 잡힐 때는 휴무를 맞추어 늘 가족들과 동행을 했다. 두 아이는 다행히도 자유롭게 휴무를 정할 수 있는 직장에 다녔다. 나는 돈을 떠나서 강의를 일로 여기지 않고 여행이라 생각하며 즐겁게 했다.

동해에 강의를 하러 갔을 때의 일이다. 나를 강의장에 내려주고 식구들은 가까운 바닷가에 스노쿨링을 하러 갔다. 작은아이가 "엄마는 같이 안 가?"라고 했다. "엄마는 강의하며 재미있게 놀고 있을 테니 언니랑 아빠와 재미있게 놀고 와."라고 답했다. 아이는 작은 목소리로 "알았어."라고 말했다. 아이의 함께 가고 싶어하는 마음을 알고는 미안한 마음도 들었다. 제주도 강의에서도 큰아이는 "엄마는 놀러 와서 맨날 일만 해."라고 했다. 나는 "여행을 하며 강의하니까 좋아."라고 말했다. 실제로 가족들과 여행 삼아 가는 강의가 행복했다. 가족과 동행은 여행처럼 힐링 그 자체이다.

그렇게 나는 바쁘면 바쁜 대로 한가하면 한가한 대로 늘 일과 함께하는 인생을 살아가게 되었다. 강의에 재미를 느끼고 즐거움을 찾은 것은 전통놀이 때문이다. 나와 함께하는 행복한 인생의 소중함은 전통놀이를 통해 인생의 맛을 느낄 때 찾을 수 있기 때문이다.

나는 강의를 하면서 최선을 다해 준비했다. 여러 가지 강의를 하러 다닐 때 날마다 강의가 잘되는 것은 아니다. 담당자가 잘했다고 하지만 나 스스로 만족을 못해 쥐구멍에라도 들어가고 싶을 때도 있었다. 처음 강사의 길을 들어설 때는 몇 번의 시험을 거치기도 했다. 시연은 정말 힘들었다. 그런데 그 과정을 거쳐야지만 강단에 설 수 있었다.

시험과 인생의 차이점이 뭐라고 생각하는가? 그것은 '정답이 있고 없다'이다. 나는 시험을 정말 싫어한다. 시험을 생각하면 정말 아픈 기억들이 많다. 기회가 되면 밝히려고 한다. 여러분은 어떠한가? 사람마다 다르겠지만, 시험을 즐기는 사람도 있을 것이다. 나는 간간이 여성 인력 개발센터에서 주관하는 민간 자격증 발급 시험 감독을 하러 간다. 시험을 치르는 사람들을 보면 대단해 보인다. 내가 선택한 일에 있어서 어떤 시험은 인생을 좌우하는 일이 있을 것이다. 그만큼 판단력도 중요하다. 내가 여러 강의를 지금까지 계속하고 있었다면 지금처럼 인생의 재미와 즐거움을 느끼지 못했을 것이다.

사람들은 매번 선택의 갈림길에서 결정을 내려야 하는 때가 있다. 지금 이 순간 행복하지 않다면 즐길 수 있는 일을 찾아라. 먼저 내가 흥미를 가지고 좋아하는 일이면 더 좋다. 꼭 전통놀이가 아니어도 된다. 나는 전통놀이의 메신저가 되기 위해 책을 쓰기로 했다. 나는 책을 써서 성공하기 위해 〈한책협〉에 노크를 했다. 나의 스승 김태광 멘토는 책 쓰기의 1인자다. 김도사라는 명칭도 처음 듣는 사람들은 어색해할 것이다. 나도 그러했기 때문이다. 여러분도 인생에 재미를 느끼고 싶은가? 그 분야의 최고를 만나라. 그러면 여러분의 인생이 달라진다.

나는 전통놀이를 하며 즐거운 동행을 한다. 요즘은 결혼 이민자들과도 세계 놀이로 소통을 한다. 한국의 전통놀이와 다른 나라의 전통놀이를 배우면서 흥미롭고 신기해한다. 왜냐하면 한국의 전통놀이가 자신의 나라 전통놀이와 비슷하기 때문이다.

공기놀이를 예로 들어본다. 우리나라의 옛날 공기놀이는 다섯 개의 작은 둥근 돌멩이를 가지고 노는 것이었다. 요즘은 플라스틱 공기를 많이 사용한다. 공기놀이는 다섯 개의 작은 돌멩이를 바닥으로 던져 올렸다가 받으며 노는 놀이를 말한다.

공기놀이는 명칭이 지역마다 조금씩 다르다. 경상도는 짜게받기, 살구받기, 전라도는 죄돌리기, 닷짝걸이, 조개질이라고 불렀다. 그밖에도 공개놀이, 짜구잡기, 돌놀이, 자갈잡기, 콩주워먹기 등이라고 불렀다.

공기놀이는 둘러앉아서 손바닥과 손등을 사용하여 노는 놀이다. 힘이 세고 약함에 관계가 없다. 누구나 놀이가 가능하다. 공기놀이는 손을 많이 사용하므로 두뇌 발달과 집중력에도 좋다.

우리나라의 공기놀이는 수집기, 알까기, 꺽기, 알품기, 고추장공기, 천재공기 등이 있다. 공기놀이는 다른 나라에서도 많이 행해진다. 필리핀은 '잭스톤'이라고 해서 공기를 통통 튕기며 놀이를 한다. 베트남은 나무젓가락을 가지고 공기놀이를 한다. 나무젓가락을 공기처럼 위로 던져서 받기를 하며 노는 '쩌이쭈엔'이 있다. 일본에서는 오재미놀이라고 한다. 서양에도 공기놀이가 있다. 나라마다 놀이를 지칭하는 이름은 다르지만 노는 방법은 비슷하다.

닭싸움도 마찬가지이다. 우리나라는 한 발을 옆으로 무릎까지 접어올린 다음 두 손으로 발목을 잡는다. 한 발로 뛰어나가며 상대방을 넘어뜨리며 노는 놀이다. 이때 두 손으로 잡은 발목을 놓쳐도 지는 것이다. 베트남에서는 '따까오'라고 해서 뒤로 발목을 잡는다. 이것은 북한에서도 동일하게 발목을 뒤로 잡고 논다. 제기차기는 중국과 우리나라의 놀이 방법이 흡사하다. 비슷하고 같은 놀이가 너무나 많다. 그래서 나는 외국 사람들에게도 우리의 전통놀이를 쉽게 가르치고 있다.

나는 2008년 결혼 이주 여성들과의 만남을 계기로 다른 문화에 관심을 가지게 되었으며 이제는 내 삶의 일부를 차지하게 되었다. 그들과의 인

인연은 세계 시민 교육에 대한 관심으로 이어졌다. 내 생애 해외를 갈 수 있는 기회도 주어져 아프리카 대륙에서 전통놀이를 하는 인생으로 변했다. 모두가 다른 나라 사람을 친구로 둔 덕분이다. 그들과 함께 즐기는 시간이 나를 글로벌하게 성장하게 하는 지름길이 되어 주었다. 전통놀이로 세계를 품고 나가는 나의 인생은 참 행복하다.

3 장

전통놀이를 활용하여 행복한 일상 만들기

01

놀아도 전통놀이로 시간을 보내라

여러분은 일상을 어떻게 보내고 계시는가? 업무로 피로가 쌓여 있는가? 아니면 무의미한 일상을 보내는가? 슬프고 답답하고 우울한 일상을 보내는가? 죄책감이나 무력감으로 인해 자신의 욕구를 채우지 못하거나 부족한 일상에도 전통놀이는 도움을 줄 수 있다. 모두에게 호감을 가는 시간을 만들 수 있다.

전통놀이는 놀이하는 사람의 마음을 다독이며 위로하는 힘이 있다. 힐링되는 일상을 만들어준다. 하잘것없는 일이란 없다.

반복되는 일상이 지루하고 무덤덤하게 느껴질 때가 있다. 오직 혼자만의 세계에 깊이 빠져들고 싶을 때도 있다. 뜨거운 열정으로 색다른 즐거움을 만끽하고 싶은가? 보다 행복하고 가치 있는 삶을 원하는가? 진정으로 몰입할 수 있는 열정의 대상을 찾아보자. 『몰입의 즐거움』의 저자인 미하이 칙센트미하이는 말했다.

"몰입하는 시간은 반복되는 지루하고 무료한 일상을 바꿔줄 최고의 인생 큐레이터가 된다고 했다. 좋아하는 일은 몰입할 수 있다. 몰입하는 시간의 즐거움은 무료한 일상을 바꿔줄 최고의 대상이 될 수 있다."

– 미하이 칙센트미하이

몰입을 함으로써 행복할 수 있는 능력이 생긴다. 사람이 어떤 일에 얼마나 몰입하는가 하는 것이 그 사람의 삶의 질과 일상에서의 행복 찾기 여부를 좌우한다. 학생들은 하기 싫고 재미없는 일처럼 여겨지는 공부를 할 때 자신의 삶에 자기목적성을 두면 공부의 만족성과 재미는 배가 된다.

삶은 경험하는 것인데 그 경험은 시간 속에서 이루어진다. 이런저런 생각을 하고 있으면 내가 전통놀이를 하는 시간이 얼마나 되는지 나조차도 새삼 놀라게 된다. 놀아도 전통놀이에서 시간을 보내면 발전이 있다. 놀이가 주는 즐거움은 보람이 된다.

나에게 있어 삶이 놀이다. 놀이를 통해 자연과 친해지고 다양한 문화를 경험하고 다양한 사람들을 만난다. 시공간의 활동 안에서는 놀이가 생활이고, 놀이가 삶이기 때문에 가능하다. 나는 놀이에 몰입할 수 있는 놀이 체험을 제공한다. 나는 건물 외부에서도 전통놀이 바닥그림을 그려 언제, 어디서든지 놀이를 하며 시간을 보낼 수 있도록 놀이 현장을 만들어준다. 나는 놀이 현장에서 사람들과 진지하게 마음으로 교감한다. 즉 놀이 세계로 들어가는 체험을 통해 상대방에 대한 감정이입적인 공감과 이해를 하게 된다.

나는 전통놀이를 평생의 인연으로 생각한다. 나는 여러 가지의 강의를 하면서 가난과 어려움으로 굴곡진 삶을 거쳐왔다. 전통놀이는 지금보다 나아진 미래를 꿈꾸게 한다. 당장은 내가 원하는 한국 문화를 해외에 알리는 일이나, 경제적 부의 수입이 있는 것은 아니다.

지금도 나의 상상은 가족에게도 좋은 반응으로 돌아오지 않는다. 남편은 나에게 "허황된 생각만 한다. 현실을 알아야지."라고 하고, 작은딸은 "언제부터 부자 된다고 했는데 언제 부자 되는 거야?"라고 말한다. 그럴 때마다 나는 마음속으로 더 외쳤다. 나는 100억대의 자산가다. 나는 나의 이름으로 된 여러 채의 건물주다. 나는 내 주변의 100명을 부자로 만든다. 나는 나의 어려운 이웃을 위해 나누며 베푸는 선한 영향력을 가진 삶을 산다. 나의 간절한 소망은 상상을 하면 현실이 된다. 나는 이미 이루어진 것으로 믿고 기도한다.

어떻게든 내 삶의 돌파구를 찾아야겠다고 생각했다. 나는 유튜브를 통해 〈한국책쓰기1인창업코칭협회〉의 네이버 카페 활동과 김도사의 유튜브 동영상 및 책으로 의식 성장을 시키고 있다. 김도사님의 열정과 자신감은 나에게 희망찬 에너지를 준다. 나도 김도사님처럼 되려고 많이 보고 배우며 노력을 하고 있다.

나는 전통놀이에 관한 책을 쓰라는 권유를 받고 더욱 전통놀이를 연구하고 있다. 물론 끝나지 않은 나의 숙제에도 연관성을 두고 있기 때문이기도 한다. 빠른 시일 내에 책을 쓰고 논문 연구에 들어가려고 한다. 나는 논문과 책을 통해 많은 사람들에게 전통놀이의 메신저가 될 것이다. 내가 놀아도 전통놀이로 시간을 보내는 이유다. 전통놀이의 메신저가 된다는 것은 나에게 다양한 이점을 준다. 여기에 나열해본다.

① 전통놀이는 놀면서 성취감을 맛보게 하고, 자신감을 향상시킨다.

② 전통놀이는 친밀감과 유대감을 형성시킨다.

③ 전통놀이는 타인을 향한 공감력을 향상시킨다.

④ 전통놀이를 통해 수동적인 삶에서 적극적인 자세의 삶으로 바뀐다.

⑤ 전통놀이에서 찾은 진정한 행복은 스트레스 지수를 낮춘다.

⑥ 긍정적인 생각은 건강한 삶을 살게 한다.

⑦ 주변에 좋은 사람들과 어울리게 되고 신선한 자극을 준다.

⑧ 전통놀이는 추억을 돌려준다.

⑨ 전통놀이로 자신만의 꿈을 찾게 한다.

⑩ 전통놀이는 특별한 사람들이 하는 놀이가 아니다.

⑪ 학교나 직장에서는 왕따가 존재한다. 그러나 전통놀이는 왕따가 없다.

⑫ 전통놀이는 진정한 행복감을 준다. 나의 행복은 주변을 밝히는 에너지를 유발시킨다.

⑬ 평범한 주부의 자존감이 향상되어 전문가로 도약한다.

⑭ 전통놀이를 하면 젊어진다.

⑮ 좋은 부모, 좋은 아내가 된다.

⑯ 전통놀이를 해외에 알리면서 글로벌 리더가 되어 세계로 나아가게 된다.

⑰ 전통놀이를 하며 배려심을 기른다.

⑱ 내가 좋아하는 일을 찾게 된다.

⑲ 인생의 터닝포인트를 만들어준다.

⑳ 답답한 일상을 벗어나도록 시원하게 뚫어준다.

이와 같이 전통놀이로 시간을 보내면 더 다양한 이점을 찾을 수 있다.

나는 전통놀이를 통해 미래를 설계한다. 전통놀이는 행복을 향한 길을 유도한다. 무기력의 바다에서 나를 건져올린 것은 바로 전통놀이다. 일상으로 보낸 전통놀이는 나를 성장시킨 기적의 통로이다.

나의 전통놀이가 성장의 통로가 되듯 여러분들도 나와 같은 성장을 체험해보기를 바란다. 수줍음이 많은 나는 전통놀이로 자존감을 키워 이제는 많은 사람들 앞에서도 떨림이 없이 당당하게 나설 수 있다. 아이들에게는 인성 지도에 도움을 준다. 미래의 어린 주역들뿐만 아니라, 100세 시대를 살아가는 여러분도 미래의 주역이다. 성인이지만 당당하게 나설 권리가 있다. 주부들은 누구 엄마로 살아간다. 이제는 자신을 알리며 살아가자.

나는 책을 쓰기 위해 간간히 특강을 듣는다. 어제는 〈한책협〉의 주이슬 코치로부터 핵심 독서법이라는 특강을 들었다. 주이슬 코치는 이날 특강에서 나의 이름을 알리라고 했다. 그녀는 이렇게 말했다. "이제는 인터넷에 자기 이름을 치면 나오는 세상이다. 강사, 작가라면 본인의 이름을 검색하면 나와야 한다"고 말했다. 나도 공감하는 말이다. 나는 성인이 되어서 내 이름을 알리겠다는 생각을 했다. 나는 세상에 태어나서 나의 이름을 알리겠다는 마음을 간직하며 살았다. 나는 컴퓨터를 능숙하게 하지 못한다. 간간히 블로그 활동을 하고 있다. 실제로 블로그에 올린 글로 인하여 채애현이라는 이름을 쳐도 나온다. 물론 나를 알리는 것보다는 내가 원하는 일을 하고 행복한 삶을 살아가는 시간을 갖는 것이 더 소중하고 감사하다.

나를 알리는 일은 내가 좋아하는 일과 같다. 많은 사람들이 전통놀이로 시간을 보내며 진정한 나를 찾는 것에 전통놀이가 함께하기를 바란다. 진정 행복한 삶을 살고 싶은가? 전통놀이에 관심을 가지면 언제든지 문의하기 바란다. 언제나 대문은 활짝 열려 있다.

02

경박하지 않게 놀며 명품 인생을 사는 법

우리가 사용하는 말에는 굉장히 놀라운 힘이 있다. 이처럼 말로 인해 운명이 바뀔 수 있다. 미국의 강연가 스티브 챈들러는 성공을 가로막는 것은 대부분 부정적인 말이라고 하며, 성공을 가로막는 13가지 말을 소개하기도 했다. "할 수 없어, 어려워, 힘들어, 안 돼, 난 실패자야.' 등의 부정적인 말들은 자신의 성공을 가로막는다. 언어의 습관은 그 사람의 운명을 결정한다.

나는 평소에 그런 말의 위력을 생각한다. 말로 사람을 죽이고 살리기도 하는 경우가 있는 것처럼 말의 위력은 대단하다. 말은 내면에 뿜어져 나오는 이미지를 만들기도 한다. 나는 강의를 하는 사람이다. 나는 이미지를 중요하게 생각했다. 나는 평소에 신사임당이나 하회탈의 양반탈처럼 온화한 이미지를 소유하고 싶었다. 링컨이 40세 이후에는 자기 얼굴에 책임을 지라고 했던가? 나는 그 말도 가슴에 새겼다. 나는 나이가 들어도 우아하게 늙고 싶었나 보다. 그것은 내가 일을 하는 순간에도 적용이 되었다. 놀이를 할 때도 경박하지 않고 우아하게 놀고 싶었다.

나의 롤 모델은 신사임당과 엘리자베스 여왕, 차이영문 총통이다. 나는 겉모습과 내면을 채우기 위해 노력을 했다. 지금도 공부를 하는 이유는 내면이 비어서 스스로 허공이라는 생각이 들었기 때문이다. 전통놀이 강사들에게는 학력 무관이라고는 한다. 그렇다면 내가 하는 말에 일치가 안 된다, '어불성설'이라는 반론을 제시할지도 모른다. 그러나 나는 내 말에 책임을 질 수 있다. 나는 당당하게 말할 수 있다. 나는 강사들에게 스펙을 위해 하는 공부를 거부한 것이다. 스펙이 없어도, 초등학교 졸업이라도 누구나 전통놀이를 하며 같이 놀 수 있다.

나는 어릴 때 시골에서 자랐다. 책이 나를 거부하는 것이 아니라 내가 책을 거부했다. 요즘은 책이 옆에 없으면 허전함을 느낄 정도로 늘 책을 가까이한다. 작은아이는 책 읽는 것을 싫어한다. 나의 어린 시절을 닮았나 보다. 식구들과 책에 관한 재미난 이야기가 있다. 작은아이는 "엄마, 나는 책이 있어야 잠이 잘 와!"라며 책이 수면제라고 자랑을 한다. 남편은 한 술 더 뜬다. 운전할 때의 일이다. "내 옆에 책 두지 마라. 책 저리 치워. 졸립다."라며 운전할 때 옆에서 책을 보는 나를 보며 농담을 하기도 했다.

나는 학창 시절 취미 활동이라고는 없었다. 친구들과 논 기억밖에 없다. 나는 남편에게 실제로 인간 네이버라고 놀린다. 모르는 것은 모두 남편에게 해답을 구할 정도로 질문을 하면 척척박사처럼 모르는 것이 없다. 남편의 두뇌에 콤플렉스를 느끼며, 나의 빈 내면을 채우고 싶었다. 나는 평소에 말을 잘 하지 않는다. 말을 하면 나의 지식은 금방 떨어져 할 말이 없어져버리곤 했다. 남편은 내가 전화로 주고받는 대화를 들으며, 말을 하더라도 생각을 하고 하라고 나에게 핀잔을 주었다. 그때는 잠시 싸늘한 정적이 흐른다. 나는 머리로는 이해했지만, 가슴에 와닿지 않았다. 나는 쓴 약이 몸에 좋다는 것도 안다. 그로 인한 불만은 쌓여갔다. 나는 남편보다 더 배워야 한다는 생각뿐이었다. 남편의 핀잔은 채찍이 되어 말하는 법을 생각하게 했다. '나는 지금 말을 잘하지 못하지만, 나는 남편처럼 저렇게 훈시 안 할 거야.'라고 생각했다. 그런 시간을 거치고 나서 나의 말은 설득력을 품게 되었다. 남편에게 고마움을 느낀다.

나는 무엇이든 대화로 소통이 가능하다고 본다. 나라고 매일 즐겁기만 하겠는가? 나도 시행착오를 거치고 여기까지 왔다. 나는 오지랖이 넓은 사람이라 타인을 많이 생각했다. 이제는 나를 먼저 생각하고 최대한 실수를 줄이려고 조심하는 편이다. 전통놀이가 나를 많이 성장시켰다. 전통놀이가 좋아서 찾아준 분들 덕분이다. 마음이 힘들 때도 웃고 즐기며 놀이로 위안을 받았다. 놀이는 나를 우아하게 만들어주는 소중한 도구다.

실제로 한국 문화를 전하면서 복장은 거의 한복이다. 처음에는 전통놀이를 할 때도 교복처럼 한복을 입었다. 그렇다 보니 옷에 맞게 행동을 하게 된다. 나의 친정은 큰 아버지가 있어도 둘째인 아버지가 할머니를 모시고 살았다. 할머니가 우리 집에 계시니 제사나 집안 행사가 많았다. 친척들이 집안일로 우리 집에 자주 들렀다. 친척들 방문은 어른들과의 대화 예절, 어른울 대하는 행동 규범, 그리고 인사에 이르기까지 가정 교육이 저절로 되게 했다. 친척 어른들은 한복을 많이 입으셨다. 친정엄마는 출가외인이 되면 다른 집에 가서 욕을 먹지 않아야 한다고 하며 늘 외할머니의 가르침을 알려주셨다.

가정에서 배운 예절 덕분에 지금도 사람들과 만남을 가질 때 몸에 밴 공손한 행동을 하게 된다. 일부러 하는 것이 아니라 자연스럽게 나오다 보니, 전통놀이에서도 행동이 저절로 나오게 된다. 도구를 전달할 때 전하는 모습이나, 인사하는 모습, 놀이할 때 하는 행동들이다. 안동에서 강의할 때 일이다. "지부장님, 전통놀이 시간에 한복을 꼭 입고 와주세요."

라고 했다.

나는 강사 과정의 시작과 끝나는 날, 그리고 양반놀이를 할 때는 주로 한복을 입는다. 나는 한복 입는 것을 좋아한다. 자주 입으니 몸에 붙어, 한복이 나에게 잘 어울린다는 소리를 많이 듣는다. 한국 문화 전통놀이에서도 평상시와 같이 우아하게 놀 수 있는 한 방법이다. 문화는 습관이다. 놀이도 습관 들이기 나름이다. 누구나 우아하게 놀 수 있다.

나는 처음부터 우아한 강의를 하지 않았다. 나는 여러 가지의 강의를 하면서 준비하는 과정이 힘들어 혼돈의 시간의 연속해서 겪고 있었다. 강의가 없으면 무일푼의 인생 길을 걸어가면서 무엇을 하고 살까 하고 고민도 많이 했다. 명강사의 길을 가려고 많은 곳에서 강의도 듣고 자격증도 취득했다. 해외 이민을 가려고 현지에 사는 친구에게도 물어보기도 했다. 필리핀 엥겔레스에서는 평생교육원을 지으면 와서 한국 문화를 알려달라는 제의도 받았다. 어떤 일을 하며 살아야 하는지 고민은 계속되었다. 힘든 고민은 나에게 맞는 강의가 전통놀이라는 것을 찾게 했다. 전통놀이를 알리면서 나의 삶은 달라지게 되었다.

전통놀이를 알리는 과정에서 나도 연구하는 자세로 사람들과 함께 호흡했다. 전통놀이를 더 많이 찾고 연구하자 거기에 쏟아부은 시간은 나를 배신하지 않았다. 전통놀이는 나를 끌어들였다. 전통놀이는 행복의 시간으로 이어가는 통로를 만들어주었다. 나는 우아하게 내 나름의 방식으로 수다를 떨며 전통놀이를 풀었다. 사람들은 나에게 매력을 느꼈다. 내가 하는 강의에 사람들이 빠져들었다. 그들과 소통하는 도구가 전통놀이로 일치했기 때문이다. 그들은 전통놀이에 매료되어 나와 함께 놀이를 주제로 수다를 떠는 것도 나름 매력이 있다는 것에 공감했던 것이다. 내가 좋아하고 즐기는 일을 겸손한 자세로 받아들이고, 처음처럼 한국 문화를 전하는 한 우물을 파서, 내가 좋아하는 일을 찾았다. 나는 한국 문화, 전통놀이로 세계무대에 당당하게 나서려고 한다.

전통놀이가 내 삶의 중심이 되면 많은 사람들과 상호 교류하는 문화의 장을 만들어보려고 한다. 많은 사람들에게 전통놀이로 행복한 시간을 선물해주고 싶다. 여유로운 마음으로 열정을 품고 후학도 계속 양성하고 싶다. 그들이 꿈과 비전을 성취할 수 있도록 영감을 주는 동기부여가로 태어날 것이다. 과욕하지 않고, 기본에 충실하며 우아하게 전통놀이로 수다를 떠는 '채애현 박사'는 진정 전통놀이의 맛을 아는 멋진 사람이 된다.

나는 전통놀이의 품에 안겨 진정한 놀이꾼이 되고자 한다. 세상의 1만 가지가 넘는 직업 중에서 AI 시대에 사라져가는 직업도 많다고 한다. 그러나 놀이 분야에 종사하는 직업은 영원하다. 컴퓨터 게임이나 전자기기가 대신 놀아주는 것도 있다. 하지만 우리는 직접 같이 소통을 해야 하기 때문이다. 사람은 누구를 만나느냐에 따라 운명이 달라질 수 있다. 삶에 엄청난 변화를 가져온다. 전통놀이를 사랑하는 여러분이 진정한 빛의 일꾼이다. 각자의 빛을 발하는 색깔로써 아름다운 무지개를 만들 수 있다. 우리는 아름다운 자신의 색으로 전통놀이를 하며, 우아한 수다를 떠는 일에 충분히 동참할 자격이 있다. 현재 함께 놀면서 직업으로도 선택할 수 있는 전통놀이는 자신이 원하는 삶을 살면서 진정한 명품 인생의 빛을 발하는 데 제 역할을 톡톡히 할 것이다.

03

건강 증진부터 재미와 행복까지 품앗이한다

나는 건강을 위해 일주일에 세 번 정도는 아침 운동으로 걷기를 한다. 오늘은 아령을 들고 걷기 운동을 했다. 평소에 남편은 나에게 근력이 부족하다 했다. 그래서 근력을 키우라고 준비해준 것이다. 나는 보관만 해두었던 아령을 오늘은 잊지 않고 챙겨 나왔다. 아령을 들고 나간 내 팔은 평소와 달리 5분도 채 안 되어 무겁다는 신호를 보냈다. 운동을 나간 나 자신과의 싸움은 이때부터 시작되었다. 아령이 무거워 같이 운동 나간 남편에게 맡기고 싶은 마음이 생겼다. '운동하러 같이 나온 남편의 손을 잠시 빌릴까? 아니, 아니, 근력을 키워야 해!' 하고 나 자신과 갈등하며 걷기 시작했다. 돌아오는 길에도 힘이 들어 남편에게 부탁하고 싶은 마음이 들었다. 물론 내가 말하면 남편은 뭐든지 잘 들어주는 사람이다. 그러나 나 자신과의 싸움에서 결국 내가 이겼다. 집에 도착할 때까지 아령은 내 손에 계속 쥐어 있었다. 오늘도 나와의 싸움에서 승리를 해서 기쁘다.

나는 주변이 공원으로 잘 조성되어 있는 곳에서 생활한다. 베란다 창문을 열면 집 앞은 공원이다. 봄에는 철쭉, 개나리가 만발하다. 그런데 올해는 새벽에 안동대학교 박사과정 공부를 하러 가면서 벚꽃이 만개한 것을 알았다. 학교에 도착해 후배에게 오랜만에 만개한 철쭉꽃을 본 이야기를 했다. 후배도 오늘 처음 보았다고 했다. 박사과정을 공부하니 정말 바깥 구경을 못 한다. 오로지 책과 컴퓨터를 친구로 삼았다.

하루는 토요일을 일요일로 착각했다. 위층 세입자가 교회에 가는 줄 알고 인사를 했다. 옆에 있던 남편이 "골방에서 오랜만에 나오니 시간 가는 줄도 모르지."라며 농담을 했다. 실제로 현실을 잊고 학교 과제에 충실했다. 일주일은 금방 지나 돌아서면 해야 할 과제가 쌓여 있었다.

이렇게 계절을 잊은 채 학교 수업과 글쓰기로 분주히 시간을 보냈다. 이런 생활은 나의 몸을 혹사하게 했다. 내 나이 반백 년에 접어든다. 이제는 건강도 생각하게 된다. 큰아이가 챙겨준 홍삼도 먹는다. 이제는 시간이 되면 내가 좋아하는 여행을 하며 힐링하는 삶을 살고 싶다.

언젠가부터 힐링이라는 단어가 많이 보였다. 힐링의 사전적 의미는 '인간의 정신적 · 신체적 상태 즉 몸과 마음이 회복되는 것으로서 치유'라고 한다. 치유는 상담학에서 많이 사용되는 말이다. 나는 한때 힘이 들어 명상을 하며 몸을 치유한다는 곳을 지인의 소개로 간 적이 있었다. 명상을 하며 치유를 하는 곳으로 안정감이 있어 좋았다.

질병은 누구에게나 찾아오는 불청객이다. 질병은 대상이나 시기가 정해져 있지 않다. 주변에도 투병하는 사람을 어렵지 않게 찾아볼 수 있다. 나의 친정아버지도 폐암으로 수술을 받으셨다. 친정아버지는 폐암을 잘 극복하셨다. 친정아버지는 폐암이 아닌 노환으로 지금은 가족의 품을 떠난 지 9월이면 2년이 된다.

내가 명지대학원 웃음치료학과를 들어간 이유도 폐암으로 힘들어하시는 아버지를 즐겁게 해드리고 싶어서였다. 나는 명지대학원 웃음치료학과에서 웃음에 관해 보다 전문적으로 배웠다. 웃음치료 과목은 실습도 했다. 실습처는 서울대학교 이임선 교수가 진행하는 웃음 교실이었다. 대상은 환우들과 가족들이다. 암 환우도 함께했다.

나의 경우, 나의 일인 전통놀이가 힐링과 건강 증진에 도움을 준다. 나는 강의에서 재미와 행복을 품앗이한다. 품앗이라는 단어를 아는가? 품앗이는 농경 사회에서 일손을 서로 도와주는 형태이다. '힘든 일을 서로

거들어주고, 품을 지고 갚는 교환 노동'이라는 사전적 의미가 있다. 전통놀이에서 품앗이로 나눈다는 말이 어색하게 들릴지 모른다.

전통놀이에서 느끼는 재미와 행복은 돈으로 살 수 없다. 품앗이는 금전으로 대가를 지불하지 않는다. 품으로 나눈다. 전통놀이에서 함께 노는 과정의 재미와 즐거움에 서로가 공감하게 되어 품앗이가 된다. 실제로 봉사로 전통놀이를 품앗이하기도 한다.

직업에는 귀천이 없다고 한다. 누가 어떤 일을 하느냐가 중요하지 않다. 누가 얼마만큼 일에 재미를 느끼고 행복하느냐 하는 것이 중요하다. 나는 전통놀이로 재미를 찾았고 행복한 삶을 이어간다.

채인선 작가의 『아름다운 가치 사전』은 아이들이 알아야 할 아름다운 가치를 말하고 있다. 52개의 아름다운 덕목이 들어 있는 버츄 카드도 있다. 이들의 아름다운 단어는 아이들뿐만 아니라 모든 사람들이 간직하면 좋은 단어들이다.

전통놀이는 아름다운 덕목을 길러준다. 사람과 사람끼리 어울리면서 서로 부대껴도 화가 나지 않는다. 상대를 배려하고 공감하는 과정의 놀이와 함께하는 이들은 모든 것을 참아주고 용서한다.

행복은 생각 안에서 누린다. 나의 환경이 힘들고 열악하지만 나는 행복하다는 생각을 마음에 품었다. 나는 지금 전통놀이 책을 쓰는 일을 우선으로 하고 있다.

이전에는 주어진 강의나 일을 모두 하고 책은 다음 순위에 두었다. 내가 일을 안 하고 책만 쓴다면 나는 금전적 여유가 많다고 생각할 것이다. 그렇지 않다. 나는 일정한 수입이 정해져 있지 않은 프리랜서다. 남편은 고정적인 수입이 없는 나를 이해하지 못했다. 계획 없는 삶이 이해가 되지 않는 것이다. 그러나 나는 전통놀이의 메신저가 되기 위해 책 쓰기를 하는 것이다.

"들으면 잊어버리고 보면 기억하고, 직접 해보면 이해할 수 있고 즐기면 응용할 수 있다."

– 박운영

미국 코넬대학의 박운영 교수의 말이다. 교수님의 어록은 깊은 감명을 준다.

내가 처음 전통놀이를 배울 때의 일이다. 다음 시간에는 전 시간 배운 놀이를 복습했다. 나는 전혀 생각이 나지 않았다. 나의 놀이 수업 태도를 보면 그럴 수밖에 없었다. 그때 나는 예절 강의를 하고 있었다. 예절 수업에 전통놀이 활용은 꿈에도 생각을 하지 못했다. 놀이를 배우는 필요성을 느끼지 못하고 있었다. 그래서 전통놀이를 배우는 시간에는 눈으로만 했다. 눈으로 배운 전통놀이는 전혀 기억하지 못했다.

나는 내가 처음 겪은 오류를 다른 사람들이 똑같이 겪지 않도록 했다. 나와 함께하는 전통놀이 시간은 모두가 직접 체험하는 시간이다. 내가 직접 체험하지 않는 것은 기억에 잘 남지 않는다. 직접 체험을 하면 이해가 된다. 전통놀이가 재미있으면 다른 것에도 응용이 가능하다.

전통놀이는 같은 놀이도 지역마다 다를 수 있다. 나는 강의에서 나의 놀이만을 고집하지 않는다. 우리나라에서도 전통놀이의 이름은 같으나 방법이 조금씩 다를 수 있다.

나의 놀이 방법을 배우면서 자신의 놀이도 알릴 수 있다. 배우는 과정에서는 강사가 리더다. 리더의 말을 듣고 배운다. 하지만 나는 함께 수강생들과 상호 소통이 되도록 교육을 한다. 나의 가르치는 방법은 타인과 다르다. 배우는 과정이지만 나도 가르칠 수 있다는 자신감을 키워준다.

나는 혼자만의 놀이를 고집하지 않고 배우는 사람들의 생각을 넓히려고 노력한다. 어린아이에게서도 배우는 것이 있다고 한다. 자존감을 키우는 전통놀이의 현장은 놀면서 서로에게 어떻게 하면 행복해질 수 있는지를 배우고 재미를 나누는 품앗이가 가능하다.

04

머리가 아닌 발과 손으로 마음을 사로잡다

나는 종종 이런 말을 들었다. "아무리 열심히 하면 뭐해, 머리를 써야지." 맞는 말이다. 머리가 나쁘면 손발이 고생한다는 말도 있지 않은가.

나는 이렇게 종종 머리가 나쁘다는 소리를 들을 때마다. '그래. 나는 머리가 나빠.'라고 인정을 하면서도 속으로는 서운했다. 그런 서운한 마음은 나를 강하게 만들었다. '그래. 내가 성공해서 보자.'라며 늘 혼자 중얼거렸다.

머리가 나쁘다는 소리가 듣기 싫었다. 남들은 스펙을 위해 학교를 간다. 나는 스펙을 위해 학업을 계속하지 않았다. 나는 지혜를 구하려고 학업을 선택했다. 나는 솔로몬의 지혜를 달라고 기도했다. 내가 그 분야에 대해 전문적인 지식 없이 강의할 때는 나의 강의가 아니어서 힘이 들었다.

나는 전통놀이를 하면서 재미와 즐거움을 찾았다. 전통놀이는 특별한 기술이 필요하지 않았다. 놀이 방법을 외우며 머리를 쓰지 않아도 된다. 전통놀이는 우리가 어릴 때 놀던 놀이다. 그러니 머리 나쁜 내가 재미를 붙이고 즐겁게 놀 수 있었던 것이다.

전통놀이는 남녀노소 누구나 함께 어울려 놀이하는 사람들이 주인공이 되어 즐길 수 있다. 놀잇감도 직접 만들어 사용했다. 우리가 아는 전통놀이는 원래는 경쟁하며 노는 놀이가 아니다. 경쟁은 놀이의 조건에 불과하다. 개인 놀이보다는 함께 노는 공동체 놀이가 많다. 전통놀이는 엄격하면서도 융통성이 있다.

전통놀이는 자기주도적으로 자연을 벗하며 자연에서 놀잇감을 만들어 놀았다. 오늘날은 놀잇감을 기계에 의존해 상품화된 장난감이 많다. 아이나 어른 할 것 없이 전자매체를 활용한 오락, 게임에 빠져 문명의 기기의 노예가 된 것을 볼 때 씁쓸하다.

전통놀이에는 인간을 존중하는 선조들의 지혜가 녹아 있다. 전통놀이를 통해 예절을 자연스럽게 배운다. 놀이 속에서 규칙을 준수하고 스스로 타협하고 참여하는 법도 배우게 된다. 사랑을 받은 사람은 사랑할 줄 안다. 행복한 경험을 맛본 사람이 행복을 느낄 수 있다. 아이들이 놀이 구역을 정해놓고 머리가 아닌 마음으로 신체를 활용하는 재미를 우리도 맛볼 수 있다.

예를 들면 '세 번 돌고 절하세요'라는 놀이가 있다. 이 놀이는 많은 수의 인원 참여가 가능하다. 놀이 방법은 이렇다. 먼저 옆 사람과 서로 손을 잡고 둥글게 원형으로 선다. 원 안에는 술래가 눈을 가리고 서 있다.

원 밖의 사람들은 옆 사람과 손을 잡고 둥글게 돌면서 "당신은 누구십니까?" 이렇게 노래를 부른다.

술래는 "나는 ○○ 채애현!"이라고 말한다. '나는 장님입니다.'라고 대답해도 된다.

원 밖의 사람들은 "한 번 돌고 절하세요."라고 말한다.

술래는 눈을 감고 한 번 돈다. 이때 숫자는 바뀔 수 있다. 절을 받은 친구는 술래가 된다. 술래가 바뀌가면서 놀이를 계속 진행한다.

세 번 돌고 절하기 놀이는 앞이 안 보인다는 가정하에 놀이하는 장님놀이다. 신체에 장애가 있어도 누구나 같이 놀 수 있다. 놀이에는 왕따가 없다. 이 놀이에서는 누구나 장님이 될 수 있다. 둥글게 손을 잡고 서 있는 것은 함께하면서 앞사람을 배려하는 마음도 들어 있다. 손을 잡고 둥글게 선 이유는 장님을 안전하게 보호해주기 위한 것으로 보인다. 몸이 불편해도 다 함께 재미난 시간을 보낼 수 있다. 이 놀이는 몸으로 놀지만 상대방을 배려하는 마음이 전해지는 따뜻한 놀이다.

또 다른 놀이는 가마타기 놀이다. 가마는 타는 것으로 한 사람이 앉으면 둘 또는 넷이 들거나 메고 다니는 양반들의 이동 수단이다. 가마놀이는 가마를 손으로 손목을 잡고 모양을 만들어 가마 타는 흉내를 내는 놀이다. 두 사람이 서로 우물 정(井)자로 손목을 잡는다. 다른 한 사람을 손목에 태워 노는 놀이를 말한다. 조선 시대는 신분이 엄격하여 양반만이 가마를 탈 수 있었다. 가마는 양반이나 시집가는 신부가 많이 탔다. 아이들이 가마를 타고 싶어 모방한 놀이로 보인다.

가마타기는 한 사람을 태우고 먼저 반환점을 돌아오면 이기는 놀이다. 가을 운동회 때는 기마전이라고 해서 상대방의 말에 모자를 뺏어 승부를 내는 놀이를 하기도 했다. 가마타기 놀이는 놀이의 도구가 신체의 일부이기에 다른 도구가 필요하지 않다.

전통놀이는 손과 발을 사용하여 노는 놀이가 많다. 전통놀이를 시작할 때 가위바위보로 순서를 정하기도 한다. 가위바위보를 꼭 손으로만 하지는 않는다. 발을 사용해서 할 수도 있다. 놀이를 할 때 보통은 이긴 사람이 먼저 시작한다. 그런데 나는 조금 다르게 진행한다. 가위바위보를 해서 이긴 사람이 먼저 시작하기도 하지만 나는 진 사람에게 기회를 먼저 주기도 한다. 상황에 따라 누가 먼저 할지 묻기도 한다. 나는 놀이에서만은 나만의 방식이 아닌 보통의 방식과는 반대로 생각해서 놀이를 한다. 신체를 사용하는 가위바위보 놀이는 타인을 배려해줄 수 있다. 친구들의 의사를 존중하고 양보하는 미덕도 기른다. 가위바위보를 잘하지 못한다는 실망감은 자존감을 떨어뜨리게 한다. 나는 가위바위보도 잘 못한다는 실망감이 들지 않도록 자존감을 높여주는 행복한 전통놀이 시간을 만든다. 나는 다양한 전통놀이를 통해서 서로 행복한 시간을 만들 수 있다. 스스로 무기력하게 느끼지 않고 남들과 똑같이 세상을 바라보도록 한다. 머리가 나쁜 내가 머리가 아닌 발과 손을 사용해 놀게끔 수업을 진행하는 것은 누군가는 소외될 수도 있는 시간을 모두의 마음을 사로잡는 행복한 시간으로 만드는 비결이다.

나는 전통놀이를 내국인과 외국인들 대상을 차별하지 않고 모두가 참여 가능한 놀이를 한다. 나는 인간은 누구나 평등하게 존중받아야 할 권리가 있다고 생각한다. 내가 몸이 불편하거나 학력이 낮거나, 외국인이거나, 노인이라도 다 같은 사람이다. 나는 놀 때는 왕따가 없다고 말한다. 그래서 놀이하는 과정에서도 나의 생각 그대로 실천을 한다. 이러한 가치관은 다문화 이해 교육을 할 때도 많은 도움이 된다. 어렵게 여겨지는 인권 교육을 놀이를 통해 가르친다. 놀이가 재미있어 빠져들게 된다. 이러한 수업은 교육적 효과와 더불어 재미가 있지 않을까? 스스로 상상하기 바란다.

여러분들은 평소에 어떻게 시간을 보내는가? 나는 주로 책을 많이 보며 지낸다. 하루에 1시간씩 책을 읽는다. 책을 보며 연구를 하고 좋은 문구는 메모를 한다. 책과 전통놀이는 나에게 안식처가 된다. 전통놀이는 텅 빈 나를 채워주었다. 전통놀이는 내가 가진 전문적인 지식을 풀어가며 모두를 행복하게 만드는 묘약이다.

나는 더 많은 사람들과 소통을 하고 싶다. 직장인들은 업무로 스트레스가 쌓일 수 있다. 간간이 전통놀이로 쌓인 스트레스를 비워낼 수 있다. 아무리 천재라도 스트레스에는 장사가 없다. 어린아이들이 왜 많이 웃고 늘 즐겁다고 생각되는가? 나는 아는 것이 없고 머리를 아직 채우지 않았기 때문이라고 생각한다. 그래서 어린아이들을 철부지라고 말한다. 철이 아직 덜 들었다는 뜻이다. 즉 미성숙한 단계를 말한다. 비움은 채움을 의미한다. 쉬운 예로 컴퓨터나 휴대폰을 생각해보라. 많은 자료를 담아두면 용량이 차서 느리게 돌아간다.

인간의 뇌도 마찬가지이다. 꽉 찬 뇌는 힘이 든다고 몸으로 말한다. 그럴 때는 잠시 머리를 식히고 가벼운 마음으로 업무를 계속해야 한다. 잠시 머리를 식히면 업무의 능률은 더 높아질 수 있다. "기왕이면 다홍치마"라고 했다. 즐기며 일을 하면 능률도 더 잘 오른다는 사실을 생각하라. 억지로 하지 마라. 건강을 해친다. 건강이 무너지면 모든 것을 잃을 수 있다. 명심하라. 즐기면서 하기 바란다. 전통놀이는 머리가 아닌 신체를 활용하여 누구나 쉽게 할 수 있다. 재미를 주어 동심으로 돌아가는 전통놀이로 행복한 짬을 내어보자.

05

우아하게 전통놀이로 수다 떠는 방법

여러분은 여럿이 모여서 수다 떠는 것을 좋아하는가? 사람마다 다를 것이다. 나는 사람들과 모여서 수다 떠는 것을 좋아하지 않는다. 나는 혼자서 책을 보며 조용히 차를 마시는 것을 더 좋아한다. 나는 명지대학원 동기생으로 개그맨 장미화 씨를 알고 있다. 그분과 함께하면 일상의 대화도 재미가 있다. 대화 중 말을 듣고 있으면 저절로 웃음이 나온다. 그녀가 내뱉는 말은 듣는 사람으로 하여금 미소를 머금게 한다. 달리 개그맨이 아닌 듯했다.

대학원을 다니면서 알게 된 후배 중에 아나운서도 있었다. 발표 시간에 그녀의 목소리를 들으면 주눅이 들 정도였다. 그녀는 나에게 비트차를 많이 마시라고 했다. 그녀는 간단한 발성 연습도 알려주었다.

나는 나의 목소리가 마음에 들지 않는 때도 있었다. 시간이 맞으면 후배에게 배우려는 생각도 했다. 나는 보이스 트레이닝을 받고 싶은 마음에 학원을 알아보기도 했다. 그런데 지금은 내 목소리에 감사한다. 여러 해 강의를 들어가는 기관에서는 강의를 마치고 인사를 나누면 "밖에서 강사님 목소리 듣고 오신 줄 알았어요."라고 말한다. 그렇다고 나의 목소리를 아나운서처럼 다듬어진 목소리로 착각하시면 안 된다. 나의 목소리가 아나운서의 억양은 아니지만 억지로 다듬고 싶은 마음도 없다. 간간이 경상도 특유의 사투리가 섞여도, 나에게 주어진 그대로의 목소리가 좋다.

내가 습관적으로 하는 말이 타인이 따라 하고 싶을 만큼 특색이 있다면 어떤 기분일까? 전통놀이로 만난 모 강사는 나의 말투를 따라 한다고 했다. 나는 습관적으로 '감사합니다.'라는 말을 자주 사용한다. 그녀는 그런 나의 말투가 좋아서 본인의 남편에게 적용을 시킨다고 했다. 화가 날 때는 대표님을 생각하며 평상시의 대화가 나오려는 것을 참고 '감사합니다. 나 좀 도와주시겠어요?'라고 대화를 바꿔 사용한다고 했다. 그녀가 바꾼 대화 방식을 통해 남편도, 본인도 달라졌다고 한다.

내가 습관적으로 사용하는 말은 타인에게 행동이 되게 했다. 그녀의 말을 듣고, 나도 언행을 조심해야겠다는 생각이 들었다.

그녀는 평소에 나의 건강을 많이 신경 써주는 고마운 사람이다. 그녀는 따뜻한 마음을 지닌 온화한 성격의 소유자다. 나는 학교 공부와 일로 바쁘게 보냈다. 나의 바쁜 일상은 얼굴로 나타났다. 나의 얼굴에는 '나는 피곤해!'라고 쓰여 있었나 보다. 그녀는 나에게 지난 시절, 본인이 병을 한 번 앓으며 너무 힘들었기에 이제는 자신의 건강을 챙긴다고 말했다. 그녀는 지금은 암이 완치되어, 하고 싶은 일을 하며 행복한 시간을 보낸다고 했다. 그러다 전통놀이에서 나를 만난 것이 인연이 되었다. 그녀는 나를 하나라도 챙겨주고 도와주려 한다. 배려심이 많은 감사한 분, 귀한 인연 정말 감사하다.

나는 전통놀이로 사람들을 만나면서 여성스럽다는 말을 많이 듣는다. 한국 문화, 전통놀이가 너무 잘 어울린다고 한다. 내가 전하는 목소리에 우아함이 묻어난다고 한다. 아름답게 봐주셔서 감사하다. 누구나 우아하게 놀이를 할 수 있다. 놀이에 빠져들면 그렇게 된다. 전통놀이는 사람을 끌어들이는 매력이 있다.

학교나 지역아동센터에서도 잘 어울리지 못하는 친구들이 있다. 성인들은 없을까? 아니다. 성인들이 근무하는 직장에서도 왕따는 있다. 어디서나 따돌림을 받는 사람이 있다. 옛날에도 왕따가 있었을까? 옛날에는 왕따라는 말이 없었다. 나는 그들에게 전통놀이로 함께 놀 수 있는 장을 만들어 자존감을 높일수 있게 해준다.

어느 날 지역아동센터의 강의에서 우아하게 강의를 마쳤다. 그날은 다문화 이해 교육으로 아이들과 만났다. 나는 차를 나누는 자리와 전통놀이로 외부에서 먼저 그들을 만나고 그날은 두 번째로 만나는 날이었다. 다문화 이해 교육에서는 옷차림도 다르다. 강의를 들으면서 아이들을 돌보는 돌봄 교사가 나의 강의를 듣고 소름이 돋았다고 한다. 이것은 실제 상황이다.

"강사님, 오늘은 복장도 멋있으세요. 강의도 너무 와닿고 좋았어요. 기존에 보았던 이미지와 다르시네요, 오늘 강의는 진짜 감동이에요. 너무 멋지세요."

돌봄 교사의 칭찬을 들으며 나에게도 찡한 감동이 왔다. 내가 해외에서 겪은 이야기, 현실에서 생길 수 있는 실제적인 이야기를 이날 교육에서 전했다. 나는 기본적인 이야기를 했다. 그런 강의를 소름이 돋을 정도로 잘 받아들인 것은 소통이 잘되었기 때문이다. 나의 겉모습과 목소리를 포함해 교육의 내용도 모두가 조화롭게 잘 맞아떨어진 것이다.

또 다른 사례다. 세계 놀이를 알리는 데 한 아이가 참여하지 않았다. 나는 같이 참여를 유도했다. 옆에 있던 담당 교사가 말했다.

"강사님, 이 아이는 원래 이래요. 그냥 두셔도 돼요."

나는 내 시간이기에 양해를 구하고, 그 친구와 둘이 잠시 이야기를 나눴다. 그다음부터는 어떠했을까? 그 아이는 수업도 잘 따라 하고 발표도 했다. 내가 가면 가장 많이 반겨주는 친구가 되었다. 아이들은 마지막 수업이라고 해도, 또 언제 오는지 묻는다. 내가 같은 기관에 계속 수업을 연계해서 하는 이유는 나의 강의법이 그들과 통하기 때문이 아닐까 생각한다. 아이들은 엄마처럼 안기고 따라다니며 인사를 한다. 아이들은 나의 목소리에 친근감이 간다고 했다.

나는 수업이 가르치는 시간이기도 하지만, 더불어 함께 소통하는 시간이라고 생각한다. 우아하게 수다를 떨며 전통놀이를 진행하는 것도 나의 강의가 천박하지 않게 보이는 이유이다. 복장을 한복을 입었다고 해서 우아하게 보이는 것은 아니다. 나의 삶을 전통놀이와 함께하면서 나의 성향대로 놀이를 푼 것이 나와 잘 맞았다고 생각한다.

장미화 저자의 『장미화의 유쾌한 인터뷰+27』라는 책에서도 장미화 씨는 우아하게 수다를 떨고 있다. 나는 그녀의 모습을 보며 나도 우아하게 수다를 떨고 싶었다. 그녀는 솔직한 것을 좋아한다. 가식이 없다. 그런 면에서 그녀는 나와 잘 맞았다. 언젠가 학교 다닐 때 그녀와 식당에 밥을 같이 먹은 적이 있다. 그녀는 환경을 생각하며 되도록 음식을 남기지 않았다. 남는 반찬은 환경과 저개발도상국의 친구들을 생각하며 담아 가지고 왔을 것으로 본다. 누가 연예인이 잔반을 담아 달라고 할 것이라고 생각이나 하겠는가? 먹다가 맛있으면 구매는 하겠지만 말이다. 나는 그녀가 지닌 당당함과 솔직 담백한 맛에 그녀가 좋다.

그녀를 보면서 당당한 자신감을 보았다. 나도 전문가가 되면은 그녀처럼 당당한 사람이 되겠다고 생각했다. 구제하고 나누는 삶으로 다른 사람들에게 선한 영향력을 끼치는 사람이 되고 싶다. 그녀는 연예인을 평범한 친구처럼 대해주는 것이 그 사람을 사랑하는 방법인 것 같다고 했다. 기상 캐스터를 만나면 날씨를 묻지 말고 반갑게 인사만 하라고 했다. 동물원의 원숭이가 아니다. 연예인도 사람이다. 연예인도 이웃이고 동료가 될 수 있다.

목소리가 아름다운 아나운서나 잘 웃기는 개그맨이나 각자의 일에 전문가가 되기 위해서는 많은 시간이 필요하다. 처음에는 관심을 가지고 재미를 느낀다. 재미는 만족을 가져다준다. 만족은 자기의 일에 자신감을 갖게 한다. 나도 이제는 재미를 느끼고 만족을 맛보는 전통놀이 강사다. 우리의 전통놀이는 많은 경력이 필요하지 않아도 우아하게 수다를 떨 수 있게 해준다. 이제는 나의 우아한 수다를 다른 이들과 나눈다. 함께 전통놀이를 하면서 수다를 떠는 시간은 행복감을 준다. 함께 우아한 사람이 되어보자.

06

어두운 내면을 전통놀이의 빛으로 밝히다

나는 힘들 때 꿈을 꾸고 아름다운 삶을 상상을 하면서 시간을 보낸다. 전통놀이를 하며 즐거웠던 시간, 봉사에서 전통놀이로 함께 웃었던 시간, 필리핀에서는 아이들과 운동회와 벽화를 그리며 즐겁게 보낸 추억을 그린다.

필리핀 현지인들과 직접 투호를 만들어 놀이도 했다. 아프리카 에스와티니(스와질란드)에서는 아이들과 학교에서 신나게 놀았다. 전통놀이를 하며 함께 보낸 시간은 소중한 추억이 되었다.

▶ 꿈을 찾는 스와질란드 아이들

나는 월드비전이라는 단체에서 세계 시민 강사로 활동한 적이 있었다. 강사로 활동을 하면서 해외사업장 방문의 기회에 참여하게 되었다. 나는 에스와티니에 있는 사업장을 방문하기 전에 말라리아 예방약을 먹었다. 출발하기 전 오리엔테이션에서 상세하게 설명을 들었다. 그리고 현지에 도착해 복용한 약이 몸에 받지 않아 설사로 고생했던 첫날을 빼면 일정를 행복하게 보냈으며 그 시간은 소중한 추억이 되었다. 감사한 현장 체험이었다.

나에게 여행이란 전통놀이와 같다. 전통놀이는 힐링이 된다. 여행과 같이 힘들고 지친 일상을 행복으로 이끌어준다. 아프리카의 여행은 나에게 있어 힐링이자 추억이다. 아프리카에서 아이들과 함께한 전통놀이는 추억을 남겼다. 나는 추억을 먹으며 살아간다. 전통놀이로 추억을 쌓고 공부를 하고 행동으로 전통놀이를 담는다.

그런 나에게도 힘든 일상은 있다. 남들이 나를 볼 때는 내가 부유한 삶을 살고 있다고 본다. 그런데 나는 카드값을 낼 돈이 없어 카드사에서 독촉을 받아본 사람이다. 나는 처음 받는 독촉으로 두려움과 불안을 느꼈다. 전화기에 온 문자는 보고 싶지 않았다. 힘든 시간을 강의로 아등바등 애쓰며 일을 했다.

그 이후로는 강의가 있을 때만 일을 했고, 방학 때는 즐기는 삶을 살았다. 여행을 다니며 나에게 힐링의 시간을 주었다. 지금은 코로나로 강의가 줄어 수입이 없는 달도 있다. 덕분에 박사과정을 무사히 수료했다. 이제는 책을 쓰는 일에 집중하고 있다.

나에게 경제적 수입이 적은 달의 아픔은 잊지를 못한다. 카드 독촉은 자존감을 낮게 했다. 강의가 줄어 경제적으로 힘이 들었다. 급할 때 작은 아이에게 돈을 빌려 달라고 했다. 작은아이에게 빌렸던 돈을 송금하면 "엄마 돈 없는데 쓰지. 안 부쳐도 돼."라고 했다. 이 한마디에 눈물이 핑 돌았다. 딸 키운 보람이 이런 것일까? 작은아이는 엄마의 마음을 잘 이해한다.

큰아이는 큰아이라서 예쁘다. 큰아이는 지방에서 직장생활을 한다. 대학 생활부터 계속 떨어져 있었다. 전화로만 소식을 나눈다. 그래서 사소한 이야기는 잘 나누지 못한다.

어느 날 날씨가 좋아 하늘의 구름이 멋있다고 가족 카톡방에서 아이들이 문자로 대화를 나눈다. '오늘 날씨 짱 좋네.'라고 한다. 나는 보낸 사진을 보고 괌 여행지를 연상했다. 하늘에 떠 있는 구름 송이가 괌에서 본 구름이미지와 같다는 생각이 들었기 때문이다. 나도 메시지를 전송했다.

'하늘이 정말 맑네. 구름을 보니 괌 같네! 이런 날은 여행가고 싶다!'

그러자 '응, 나도.'라고 큰아이의 답이 온다. 큰아이는 나의 마음을 읽고 '엄마 저녁 하기 싫지! 맛있는 거 시켜줄게, 뭐 시켜줄까?'라고 말했다. 저녁 식사 때가 되자 큰아이가 주문해준 음식이 배달되었다. 엄마의 마음을 읽어주는 예쁜 딸이 있어 정말 감사하다.

나의 경제적 어려움은 나의 내면에까지 파고들어와 나를 우울하게 했지만 우울함은 다행히 전통놀이를 하면서 신명으로 채워졌다. 전통놀이는 경제적 소득으로 연결되기도 했기 때문이다.

나는 책을 쓰면서 내면의 어두움을 알았다. 『100억 부자의 생각의 비밀』을 읽고, 나도 작가처럼 성공하고 싶었다. 책 속에 작가인 김도사라는 분의 전화번호를 보고 전화를 했다. 책 쓰기에 관해 질문하자 코치와 연결을 시켜주었다. 코치에게 상담 일정을 받고 그날, 일정에 맞춰 상담을 받았다.

나는 '사람으로 태어나서 채애현 이름 석자를 남긴다.'라는 생각을 늘 가슴에 새기고 있었다. 성공해서 진정한 나를 찾고 싶었다. 누구의 엄마, 누구의 아내, 누구의 며느리이지만 채애현이 되고 싶었다.

김도사님은 전통놀이에 관한 책을 쓰라고 조언해주었다. 내가 좋아하는 일, 전통놀이는 나의 어두움을 승화시켜주는 도구이자 책의 주제가 되었다. 전통놀이를 통해 내 안에 감춰진 나를 발견했다.

나는 내면의 어두움을 전통놀이로 끌어내었다. 자존감이 낮은 나는 몸을 움직여 놀면서 세상을 바라보는 관점이 많이 바뀌게 되었다.

『프레임』의 최인철 작가는 책에서 분홍색을 좋아하는 임금의 이야기를 전한다. 임금님이 좋아하는 분홍색 세상을 만들라는 명령에 신하들은 복종하기가 쉽지 않았다. 신하들은 걱정이 태산 같았다. 그러나 신하들의 걱정은 어린아이가 하는 생각의 틀에 맞추니 쉽게 해결할 수 있었다. 임금에게 '분홍색 안경'을 끼우고 나서 문제는 해결되었다. 프레임을 바꾸어보자.

내면의 어두움을 끌어내라. 삶의 내면에 난 상처는 치료해야 한다. 오래 두면 곪는다.

얼마 전 남산 한옥 마을에서 함께 근무하며 도움을 주는 박 강사가 출근하다가 넘어져서 타박상으로 무릎에 상처가 났다. 그녀는 상처 난 부위에 메디폼을 부쳤다. 그런데 상처 난 부위는 괜찮은데 메디폼을 붙인 옆이 곪는 것을 발견했다. 그녀는 상처 주변이 곪아서 물집이 잡혀 치료한다고 했다. 더운 여름이라 공기가 통하지 않으면 상처가 덧날 수 있다. 나는 물집이 나도 소독하고 밴드를 붙이지 않는 쪽을 권유했다. 그녀는 결국 밴드를 붙이지 않고 상처 부위를 소독하고, 항생제를 먹으면서 치료를 해서 지금은 많이 좋아졌다고 한다.

나의 내면의 아픔도 마찬가지이다. 그냥 두면 아픔이 더 크게 곪는다. 상처가 작을수록 치료를 잘해서 덧나지 않도록 해야 한다.

내가 나만의 전문적인 강의를 찾아 빛을 밝히는 데는 10년이 넘게 걸렸다. 아! 이제야 내가 성장하여 자유롭고 강하게, 나의 약점을 감추지 않고 그대로의 나를 드러내게 되었다. 이제는 나의 약점을 감추려고 애쓰지 않고 드러내려고 한다. 고졸이라는 학력으로 산업체에서 직장생활을 시작한 일은 누구에게도 창피하게 생각하여 밝히지 못했다. 이제는 당당히 밝힐 수 있다.

내가 이 세상에 태어난 사명은 한국 문화 전통놀이를 많은 사람들에게 알리고 나눔을 통해 베푸는 삶을 살아가는 것이다. 전통놀이로 재미와 즐거움을 주고, 소외된 이웃을 구제하는 삶을 사는 것이다. 이 정도밖에 하지 못해서 죄송한 마음도 든다. 그동안 나를 감추고 드러내지 못할 때 드러내지 못한 상처, 나는 이제 애써 감추지 않는다. 지금부터 내가 가진 한계는 없다. 지금이 나의 터닝포인트다.

나는 단지 전통놀이를 가르쳐주었는데 그들은 희망이 생기고, 새로운 꿈을 꾸기 시작한다. 이제는 내면의 진정한 자아를 발견하고 빛을 밝히는 일만 남았다. 나는 매 순간 감사와 간절함으로 가득하다. 나는 이기적일 정도로 나에게만 관심이 있었다. 나의 삶, 나의 일을 하면서 희망이 생기고, 꿈을 꾸기 시작했다.

나는 나를 칭찬한다.

"잘했어! 정말 잘했어! 힘들고 어려운 시간을 정말 잘 넘겼어!"

당신의 몸에 깃들여 사는 감정에 귀를 기울여보라. 당신은 강하고 아름다운 사람인 것이 분명하다! 한국의 여인들은 가족을 위해 희생하며 산다는 것을 미덕으로 알았다. 나도 현모양처의 삶을 살아왔다. 나로 산다는 것은 내 안의 나를 드러내는 것이다. 나와 소통하는 것은 자기를 돌보는 것이다.

몸은 나 자신이 주인이다. 전통놀이는 우리 모두의 것이다. 나를 찾아서, 삶의 주인을 살고 싶은가? 전통놀이가 주는 재미와 즐거움은 몸이 이완되는 것을 도와준다. 부정적인 감정이 사라지고 무의식이 열린다.

몸이 바뀌면 삶이 바뀔 수밖에 없다. 내면의 변화는 행복한 삶의 지름길이다. 쓸모없는 인간은 없다. 모두 자신의 감정을 자신을 위해 이제 우리의 기쁨과 즐거움, 사랑을 되찾아야 한다. 이 글을 쓰는 아침 밖에서 까치가 아침을 알린다. 오늘도 좋은 일이 생길 것이다.

나는 아침에 일어나 글을 쓰기 전 성경을 읽는다. 성경을 읽고 김도사의 『100억 부자 생각의 비밀 필사 노트』에 기록을 한다. 오늘은 100번째 글을 적었다. 책은 '최고의 마케팅'이라고 나온다.

"책에 자신의 지식과 경험, 지혜와 함께 탄생된 스토리를 담으면 가치를 높이게 된다."

나는 책으로 만난 사람뿐만 아니라 전통놀이를 좋아하는 사람들이 삶을 바라보는 관점이 전환되는 순간을 갖게 해달라는 소망을 담는다. 꼭 전통놀이가 아니라도 내가 좋아하는 것에 관심을 두고 끌어당기라는 것이다. 그것이 전통놀이든, 책이든, 그림이나 춤이 되든 상관이 없다. 행복한 삶으로 바뀌게 된다. 절망 가운데 소망을 가져다주는 일이 많이 생기길 소망한다.

아직은 살맛나는 세상이다. 좋은 사람들이 세상에 많다. 우리의 기쁨과 즐거움, 사랑을 되찾아야 한다. 나를 어떤 존재로 지각하는냐 하는 것은 나의 생각에 달려 있다. 답은 내 몸에 있다.

누구도 나의 삶을 대신 살아주지 못한다. 나는 소중한 사람이다. 나를 사랑하자. 그러면 주변이 밝은 세상으로 변신한다. 누군가 어둠속에 처해 있을 때 그를 위해 등불을 밝히는 사람이 되기를 바란다.

맹인과 등불 이야기를 아는가? 이 이야기를 끝으로 마무리하고자 한다.

맹인은 앞을 볼 수 없는 사람이다. 그런데 맹인은 불을 밝히고 길을 갔다. 자기는 앞이 안 보이지만 자신으로 인해 누군가 불편할 수 있다는 생각을 한 것이다. 밝힌 불로 다른 사람들이 어둠을 헤쳐나가기를 바라는 따뜻한 마음을 가진 배려의 이야기다. 나의 마음은 어두웠다. 이제는 밝은 길을 열어주는 등불이 전통놀이다. 전통놀이가 선사하는 선한 영향력은 여러분들이 소망하는 모든 일과 같다. 여러분에게도 언젠가 누군가에게 등불을 밝혀 선한 영향력을 끼치는 시기가 도래할 것이다.

07

하나님이 나에게 준
선물의 전통놀이

나는 하나님의 은혜로 태어난 것에 감사한다. 건강한 몸으로 태어나 가족에게 사랑받으며 내가 하고 싶은 일을 하고 있는 것은 참으로 놀라운 일이다. 남편은 늘 농담조로 "흥해 촌놈이 출세했다", "촌놈을 데리고 와서 대학 공부한다고 시켜주니, 이제는 박사 공부까지 한다고 해서 공부시키느라 등골 빠진다"고 했다. 정말 남편에게 감사하다. 일주일에 한 번 안동까지 운전해준 덕분에 박사과정을 무사히 수료했다. 가족을 포함한 주위의 소중한 분들 덕분이다. 나는 더불어 살아가는 오늘의 삶에 감사한다.

나는 시골에서 도시로 버스를 타고 학교에 다녔다. 아침 등교 버스는 늘 만원으로 콩나물시루를 방불케 했다. 내가 다니던 고등학교 학창 시절에는 야간 자율학습이 있었다. 야간 자율학습을 하고 돌아오는 시간은 당연히 늦은 밤이다. 늦은 밤 버스에 내린 귀갓길은 퇴근을 하여 집으로 돌아가는 사람들과 동행했다. 부모님은 늘 버스정류장까지 마중을 나오셨다. 낮에 일을 하시느라 부모님이 피곤한 날은 버스에서 내려 혼자 집에 걸어오는 날도 있었다.

나는 무서움이 많은 아이였다. 지금도 TV나 영화에서 무서운 장면이 나오면 손으로 눈을 가린다. 잠시 뒤 무서운 장면이 지나갔는지 옆 사람에게 물을 정도다. 이렇듯 무서움을 많이 타는 딸이라는 것을 아시는 부모님은 낮에는 농사일로 피곤하여 지친 몸이지만 딸을 위해 매일 마중을 나와주셨다.

평일은 매일 반복해서 늦은 시간에 귀가했다. 어느 날 부모님이 피곤하셨는지 버스정류장에 마중을 나오지 않으셨다. 혼자 큰 도로를 벗어나 마을 어귀를 들어오는데 갑자기 나의 목덜미를 잡는 것이 있었다. 나는 너무 놀라서 소리를 질렀다. 나의 당황하는 목소리를 듣고 멀리서 아버지가 '현아!'라고 불렀다. 지금도 그때를 생각하면 끔찍하다. 만약 내가 그때 큰일을 당했다면 과연 내가 지금 이 자리에 있을 수 있었을까? 물론 상담을 받고 치료를 하는 방법도 있겠지만, 그 당시에는 지금처럼 심리

상담을 받고 치료를 하는 것이 흔하지 않았었다. 아마 제대로 치료도 받지 못하고 상처를 안고 살아야 했을 것이다.

나는 부모님께 감사한 마음을 전한다. 이 땅에 나를 존재하게 해주신 하나님께도 감사하다. 그런 일이 있고 나서 부모님의 배려로 나는 친구와 자취를 하며 학창 시절을 무사히 보냈다. 그렇게 고등학교 시절의 악몽은 충격이 되었다. 아직도 잊지 못하고 마음 한구석에 기억으로 남아 있다. 아버지는 돌아가셨지만 다시 한번 아버지께 감사드린다. 돌아가신 날도 전통놀이 강의로 바로 찾아뵙지 못해 너무 죄송하다. 수목장을 한 아버지의 산소를 다시 한번 들여다보며 고마운 부모님을 그리워해본다.

나는 초등학교 때부터 교회에 다녔다. 외가댁에 가면 외할머니는 성경 이야기를 많이 들려주셨다. 그렇게 어린 시절을 보내면서 여름 성경 학교 때는 집에서 먹어보지도 못한 별식을 먹기도 했다. 나는 교회의 여름 성경 학교에서 자장면을 처음 먹었다. 시골집에서는 오로지 밥 아니면 국수였다.

음식 이야기를 하니 친정엄마를 모시고 간 제주도의 특별한 여행이 떠오른다. 남동생은 캄보디아에서 선교 활동을 하는 선교사다. 그런데 코로나로 지금은 한국에 거주하는 상황이 되었다. 남동생 채요한 목사가 선교지에 나가기 전 팔순의 노모에게 특별한 추억을 남겨 드리고 싶어

했다. 팔순의 노모는 마지막 여행이 될 거라며 좋아하셨다. 노모를 모시고 간 제주 여행에서 큰아이가 저녁 식사로 스파게티와 야채 샐러드, 피자를 예약했다. 저녁 식사 시간에 예약한 식당을 찾아갔다. 노모는 이런 음식 처음 먹어본다고 하시며 즐거워하셨다. 행복해하는 노모를 보며 나도 미소가 지어졌다. 물론 노모가 준 여행 경비로 먹은 저녁이지만 행복한 시간을 함께할 수 있어 감사했다.

나는 책과 더불어 사는 삶을 좋아한다. 책을 많이 읽고 나의 자양분을 키울 것이다. 여행을 가거나 이곳저곳을 다니는 것 등 모든 것이 하나님이 나에게 준 선물이다. 전통놀이로 열어가는 세상은 나에게 힘을 실어준다. 나에게 찾아온 최고의 선물이다.

인생에 찾아온 전통놀이는 세상을 따뜻하게 하는 공기와 같다. 공기와 같은 전통놀이를 찾는 사람들이 고맙고 소중하다. 생명을 이어주는 공기는 주위 사람을 업신여기지 않는다. 생명을 소중하게 보호하고 나의 직업에 영향을 미친다. 수많은 일들을 하나님이 함께하심을 믿는다. 한 분 한 분의 소중함을 안다. 앞으로도 건강한 이웃을 위해 소망의 기도를 아끼지 않고 그들에게 평탄한 인생 길이 열리도록 기도할 것이다.

나에게 주는 선물, 하루는 전통놀이로 한번 놀아볼까?

오늘은 공기와도 같은 소중한 놀이 중에 '앉은뱅이 놀이' 또는 '얼음 땡 놀이'를 소개한다.

놀이 인원은 제한이 없다. 2명부터 가능하다. 나는 좁은 장소에서는 상황에 맞게 응용하여 놀이를 진행한다.

놀이 방법은 다음과 같다.

① 가위바위보로 먼저 술래를 정한다.

② 술래는 '무궁화 꽃이 피었습니다'라고 큰 소리로 외치고 친구들을 치러 뛰어다닌다.

③ 술래가 다가와 치려고 하면 빨리 '얼음!'이라고 말하고 멈추면 술래는 칠 수가 없다.

④ '얼음!' 하면 움직일 수 없다. 다른 친구가 와서 '땡!' 하고 쳐주면 다시 움직일 수 있다.

⑤ '얼음!' 하기 전에 술래가 치거나 '얼음!' 하고 나서 움직이면 그 아이가 술래가 된다.

⑥ 술래가 바뀌면 술래가 되었다고 친구들에게 알리고 다시 놀이를 시작한다.

지역에 따라 놀이 방법이 다를 수 있다. '얼음 불', '얼음 살이', '얼음

물', '얼음 풀' 등이 있다. 앉은뱅이 놀이가 얼음으로 바뀐 것이다. 이 놀이는 '나 잡아봐라' 하고 술래에게 약을 올리면서 이리저리 도망을 다니며 애를 먹인다. 옛날 놀이는 술래에게 약을 올리며 골탕 먹이는 놀이가 많다. 쫓고 쫓기는 방식으로 놀이를 했다. '놀림'은 아이들의 놀이 문화였다. 놀이에서 화를 내거나 화내지 않으면서 재미와 즐거움이 된다.

다음은 여우잡기 놀이다.

여우잡기 놀이의 인원은 5~6명 이상이 좋다. 여우잡기 놀이는 선을 긋고 출발점을 정한다. 술래를 정하고 남녀가 같이 노는 놀이다. 여우잡기 놀이는 계절과 상관없다. 사계절 모두 여우잡기 놀이를 했다.

놀이 방법은 다음과 같다.

① 가위바위보로 여우를 정한다. 가위바위보에서 마지막 지거나 이긴 사람이 여우가 된다.

② 여우가 있는 곳으로 노래를 부르며 묻고 답하면서 이동한다.

③ 마지막에 여우가 '죽었다' 하면 다시 묻는다.

④ 여우가 '살았다' 하면 빨리 뛰어 도망간다.

⑤ 도망을 치다가 여우에게 잡히면 잡힌 사람이 여우가 된다.

⑥ 여우가 잡히지 못하면 다시 여우가 되어 놀이를 계속한다.

〈여우잡기 노래〉

친구들 : 여우야 여우야 뭐하니?

여우 : 잠잔다.

친구들 : 잠꾸러기

친구들 : 여우야 여우야 뭐하니?

여우 : 세수한다.

친구들 : 멋쟁이

친구들 : 여우야 여우야 뭐하니?

여우 : 밥 먹는다

친구들 : 무슨 반찬

여우 : 개구리 반찬

친구들 : 죽었니? 살았니?

여우 : 살았다 / 죽었다

여우가 '죽었다' 할 때 움직이면 움직이는 친구는 여우가 된다. 여러 명이 되면 가위바위보로 여우를 정한다.

▶ 여우야 여우야 놀이

08

전통놀이로 우아하게 즐기는 행복한 일상

사람들은 어떻게 하루를 보낼까? 많은 사람들이 독서, 음악 감상, 운동, 차 마시기, 지인과 수다 떨기, 취미 활동 등으로 일상을 보내고 있다. 얼마 전 고인이 되신 지인은 평소에 맨발로 뒷산을 걷기도 했다. 박사과정의 후배는 사진 찍는 것을 취미로 시간을 보낸다. 그는 내가 근무하는 남산 한옥 마을에도 아내와 동행을 했다. 부부가 같은 취미를 가지기 쉽지 않은데 보기가 좋았다.

우리 집에도 함께 시간을 보내면 좋아하는 사람이 있다. 바로 남편이다. 남편은 자상하면서도 온유한 성격의 소유자다. 남편은 등산을 함께 해도 보조를 잘 맞춰주었다. 내가 박사과정을 하기 전에는 등산, 낚시, 골프 연습 등을 함께했다.

요즈음 나는 전문 서적을 볼 때를 제외하고는 책을 읽거나 차를 마실 때는 음악을 들으며 우아하게 시간을 보낸다. 나는 전통놀이를 하면서도 우아하게 행복한 시간을 보낸다.

"전통놀이를 어떻게 우아하게 즐기지? 전통놀이는 어릴 때 친구들과 골목에서 뛰어놀던 놀이가 아닌가? 우아하게 논다는 말이 어울리기나 하는가?"

그런데 나는 우아하게 전통놀이를 즐기고 있다. 물론 사람마다 생각에 차이가 날 수도 있다.

사람은 살아가면서 무수히 많은 생각을 한다. 생각은 인간의 삶과 같이한다. 생각은 행동을 낳고 행동은 습관이 된다. 습관은 인생이 된다. 궁극적으로 인생은 생각하는 삶이다. 나는 일상의 삶에서 놀이를 함께 한다. 어떻게 우아하게 놀이를 할까? 놀이를 우아하게 하는 것도 습관이다.

에이미 존슨 저자의 『왜 좋은 습관은 어렵고 나쁜 습관은 쉬울까?』 책은 습관에 관한 내용을 다룬다.

"습관은 생각에 기반을 둔다. 생각도 습관도 변한다. 습관의 노예는 생각이다. 생각하지 않으면 저절로 사라진다고 한다. 인간은 어쩌다 습관의 노예가 되었는가? 범인은 바로 생각이다."

– 에이미 존슨, 『왜 좋은 습관은 어렵고 나쁜 습관은 쉬울까?』

나는 좋은 습관을 말하고 싶다. 목소리 톤에도 천박함과 지적인 면이 나타난다. 놀이의 행동에서도 마찬가지로 우아함이 나타나게 된다는 것이다. 그럼 어떻게 노는 것이 우아할까? 투호놀이를 예로 들어보자. 사람들은 흔히 투호놀이는 투호통에 무조건 던져서 노는 놀이라고 생각한다.

그러나 나는 우아하게 예의를 갖추며 놀이를 하도록 가르친다. 투호살을 전할 때도 공손히 두 손을 사용하도록 한다. 주고받을 때 감사의 인사도 빠지지 않는다. 이것이 우아하게 놀이를 즐기는 방법이다. 놀면서 가볍게 보이지 않고 멋스러운 우아함의 비결은 놀이의 예를 지키는 것이다. 놀이를 하면서 상대방을 존중하고 배려하는 것이다.

옛날의 양반들은 풍류를 즐길 줄 알았다. 궁중 연희의 궁중놀이로 포구락놀이가 있다. 포구락은 '공을 던지며 즐긴다'는 뜻으로 궁중 무용이다. 포구락은 포구문을 세워 놓고 풍류 안에 채구를 던져 넣는 놀이를 말한다. 채구가 풍류 안에 들어가면 봉화가 꽃을 주었다. 채구가 풍류 안에 들어가지 않으면 봉필이 무용수의 얼굴에 붓으로 먹으로 점을 그렸다. 얼굴에 그린 먹점은 양반들에게 놀이의 흥미를 더해주었다고 본다. 포구락은 양반들이 보며 즐기는 놀이였다. 이 놀이에는 무용수들의 절제를 추구하는 멋이 묻어 나온다.

전통놀이는 포구락처럼 우아함을 겉으로 보이는 모습이라 생각할 수 있다. 그러나 그런 모습은 쉽게 나오지 않는다. 습관이 행동으로 표현되는 것이다. 전통놀이에서 주인공이 된 나를 발견한다. 편안한 표정은 에서 느껴지는 감정은 그대로 다른 사람에게 이입되어진다. 놀이에서 충분한 신뢰감은 놀이 속으로 나를 편안하게 맡기게 해준다. 내 안의 행복이 우아하게 묻어나오는 전통놀이는 기쁨이자 행복이다.

내가 좋아하는 전통놀이는 유능함을 경험하게 한다. 유능감은 자신감으로 연결된다. 자신감은 더 큰 일을 도전하게 한다. 자신감을 가지고 선택한 놀이는 놀이에 몰입하게 한다. 스스로 선택한 놀이는 존중을 받게 되고 인정을 받는다. 반면에 놀이에서 타협하지 못하면 스트레스를 받게 된다. 자신의 욕구가 충족되지 않으면 짜증을 내게 되고 그 짜증은 놀이의 경쟁에서도 쉽게 풀리지 않는다. 이런 경우에는 상대방에게 공감과 격려를 해주어야 한다. 짜증은 짜증을 유발하게 해 분위기를 악순환시킨다. 온전히 놀이에 몰입하도록 도움을 주고 신나게 같이 놀아주면 스트레스는 저절로 풀리게 된다. 전통놀이에 관심과 애정을 충분하게 쏟는다면 누구나 우아하게 전통놀이를 즐기는 행복한 일상을 살 수있다.

나는 전통놀이를 하며 의식이 달라졌다. 전통놀이에 관심을 두게 되자 삶이 즐거워졌다. 전통놀이는 나의 생각의 틀을 바꾸어놓았다. 부정적인 생각은 부정적인 삶을 살게 된다. 전통놀이의 긍정적인 태도는 지혜를 가져다주었다. 책과 공부만 지혜를 가져다주는 것은 아니다. 전통놀이가 삶의 지혜에 미치는 영향력은 대단히 크다. 놀이에서 얻는 긍정적인 효과는 상황 판단과 의지력, 존중, 배려, 결정, 긍정적인 마인드 등으로 삶에 꼭 필요한 것들이다.

우아하게 일상을 보내면서 즐기는 놀이로 저포놀이를 추천한다.

저포놀이는 백제시대에 성행했던 놀이로 추측된다. 저포놀이는 쌍륙(악삭), 투호와 같이 중국을 통해 전해진 놀이다. 저포놀이는 김시습의 『만복사저포기』에도 소개된다. 『만복사저포기』는 남원의 만복사 절을 배경으로 쓴 소설이다.

저포놀이는 저(가죽나무)와 포(부들)의 열매로 주사위를 만든 데에서 이름이 유래하였다. 나무로 만든 주사위를 던져서 그 사위로 승부를 다투는 놀이를 말한다. 놀이판은 360자로 되어 있으며, 말은 놀이하는 사람마다 여섯 개씩 갖는다.

주사위는 위쪽은 검은색, 아래쪽은 흰색으로 다섯(五木) 개를 던져 그 사위를 본다. 그 중 다섯 개가 모두 검게 나오면 노(盧)로 가장 좋으며, 그다음, 치(雉) · 독(犢) · 백(白)의 순으로 좋다. 좋은 귀채가 나오면 주사위를 계속하여 던질 수 있다. 남의 말을 잡거나 관문(關門)을 지날 수도 있다. 그러나 개(開) · 새(塞) · 탑(塔) · 독(禿) · 궐(撅) · 효(梟)와 같은 나쁜 사위(雜木)가 나오면 그렇게 하지 못한다.

놀이 방법은 윷놀이와 비슷하다. 저포놀이는 바둑과 같은 놀이판이라 바둑과 윷놀이를 결합한 느낌이 든다. 놀이판은 324개의 정사각형으로 6개의 말을 움직여 놀이한다. 윷놀이처럼 말을 잡을 수 있다. 말을 잡으면 한 번 더 던질 수 있다. 두 개 이상은 같이 움직일 수 있다. 6개의 말을 먼저 빼면 이긴다.

▶ 저포놀이의 명칭

귀체 4

한자	음	뜻	숫자
白	백	모두 희다	8칸
犢	독	송아지	10칸
稚	치	꿩	14칸
盧	노	모두 검다	16칸

나쁜 5

한자	음	내용
開	개	제자리
塞	새	2칸 뒤로
塔	탑	2칸 뒤로
禿	독	3칸 뒤로
梟	효	처음부터 다시

▶ 저포놀이 윷가락

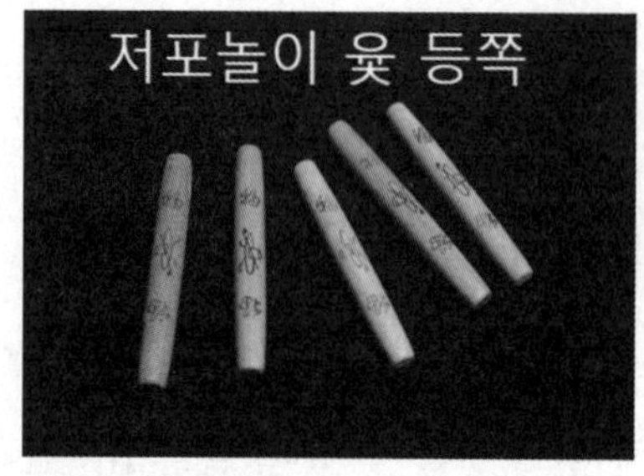

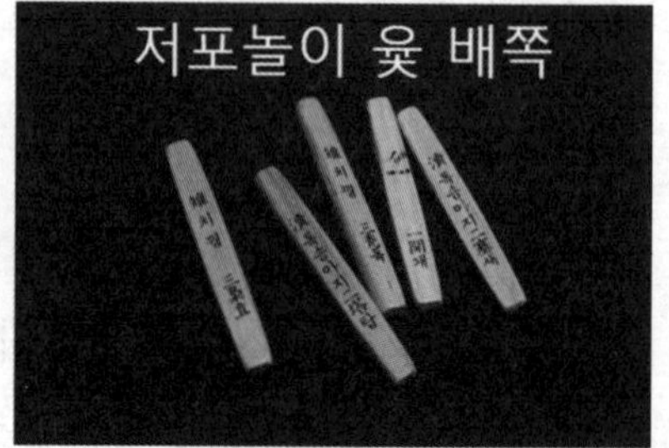

▶ 저포놀이 판

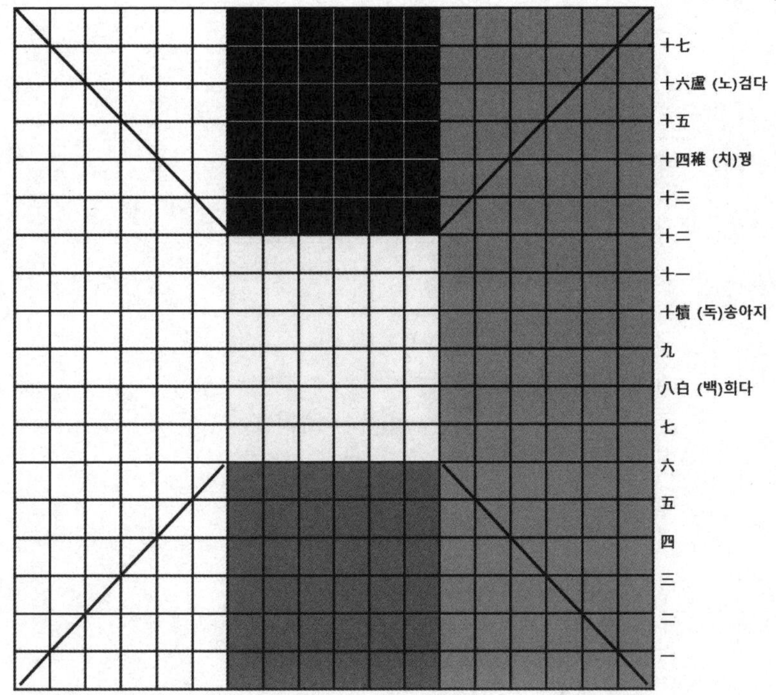

4 장

하루 30분 전통놀이로 상처 치유하기

01

내 수준에 맞는 놀이를 찾아 하라

'선배님, 잘 지내시죠? 언제 한 번 찾아뵐게요.'

이는 박사과정을 수료한 한 선배와 통화한 내용이다. 나는 오랜만에 선배에게 전화를 하여 안부를 물었다. 내친 김에 편한 시간을 물어보고 바로 만날 날짜를 정했다. 나는 논문 지도 수업을 들으면서 어려워 헤매는 시기를 보내고 있었다. 나는 놀이를 졸업 논문으로 발표한 선배의 조언이 듣고 싶었다. 그래서 선배에게 전화를 걸은 것이었다. 이상호 선배는 내가 다니는 안동대학교 민속학과에서 박사과정을 졸업했다.

선배는 초등학교에서 교편을 잡으시다가 지금은 퇴임하시고 충주에서 놀이를 연구하신다고 했다. 선배는 따뜻하고 인정이 많으신 분 같았다. 그분의 제자들은 정말 학교에 오고 싶었겠다는 생각이 들었다. 아이들은 노는 시간을 더 많이 가지기 위해 서로 가르치고 배우는 가운데 공부의 평준화를 가져왔다고 했다. 공부도 쉽고 재미있게 가르치실 분 같았다. 나도 딸들에게 억지로 공부를 하라고 하지 않았다. 공부는 본인이 하는 것이다. 억지로 시키면 더 하기가 싫다는 것을 알았기에 스스로 공부하기를 원했다. 작은아이는 고등학교 때 학원에 다니다가 힘이 들다고 하며 개인 과외를 받고 싶다고 했다. 나는 아이들이 공부하고 싶은 방식을 따라주었다. 지금도 영어 과외와 수학 과외로 도움을 주신 분들에게 간간이 감사의 말을 전한다. 나의 생각이 아이와 통했다. 어느 날 작은아이가 말했다.

"엄마, 나는 엄마가 나 보고 그때 공부하라고 했으면 안 했을 거야!"

"친구들이 시험 기간에도 놀이동산 보내준다고, 너네 엄마 대단하대!"

나는 아이들이 스스로 공부하도록 가르쳤다. 아이들이 잘 따르고 이해해줘서 감사하다.

내가 서두를 길게 다룬 이유는 전통놀이도 마찬가지이기 때문이다. 전통놀이도 무조건적이거나 억지로 하면 재미가 없고 흥미를 잃게 한다. 수준에 맞게 놀이하는 것이 좋다. 한옥 마을에서 여러 가지의 전통놀이를 관광객을 대상으로 하여 체험하게 하는 기회가 있었다. 그때 관광객들은 제기차기를 보고 아이, 어른 모두가 좋아했다. 아버지들은 "나 왕년에 한 제기 했어!"라고 하시며 제기차기를 시범 보이기도 했다. 다문화센터와 타 기관에서도 같은 상황을 보았다. 그들은 제기를 차면서 오랜만에 차는 제기가 말처럼 쉽지 않다는 것을 알았다. 몇 번을 연습하고 나서는 몇 개를 연달아 차기 시작했다.

많은 사람들이 제기차기를 보고 '옛날에 이거 차 봤어! 나 제기 잘 차!' 라고 말했다. 옛날에 놀아본 놀이라 정겹게 반겨준다. 그런데 요즘 아이들은 반응이 다르다. '저 제기 못 차요!'라는 말을 많이 한다. 실제로 제기를 하나도 못 차는 아이들이 많다. 그래서 판매하는 제기에는 아이들이 쉽게 차며 재미를 느낄 수 있도록 끈이 달려 있기도 하다.

제기차기는 제기와 발과 눈의 협응력이 중요하다. 제기를 높이 올리고 내려오는 포지션을 잘 보고 차야 한다는 것이다. 발로 제기차기를 하게 한다. 다리가 불편한 어르신들이나 제기를 못 차고 어려워하는 사람들에게는 도구를 활용하여 제기를 치며 놀이를 하도록 한다. 이렇듯 각자의 수준에 맞추어 놀이를 지도한다. 제기차기는 균형 감각을 기르고 산만한 친구들에게 집중력을 길러주는 좋은 놀이이다.

요즘 아이들은 무슨 일을 해도 쉽게 포기를 잘 한다. 모두는 아니지만 대부분의 아이들은 재미가 없어 보이거나 모르는 놀이에는 흥미를 가지려 않는다. 전통놀이에는 아이들의 인성 지도 효과 뿐만 아니라 끈기, 재미, 흥미 등을 유발하게 해주는 다양한 이로움이 있다.

고누놀이는 손 근육을 발달시키고 흥미와 창의력 등을 키워주는 장점이 있다. 흥미는 집중력으로 이어진다. 우리의 전통놀이는 놀이마다 아이들이 빠져들어가는 흥미가 다를 수 있다. 땅따먹기는 한곳에 모여 뺏고 차지하면서 소유욕을 갖게 한다. 땅을 차지하거나 잃은 기분도 맛본다.

千里之行始於足下(천리지행 시어족하)
"천 리 길도 한 걸음부터!"

무슨 일을 시작하든 작은 일부터 비롯된다. 처음 시작을 하지 않으면 끝도 없다. "내 시작은 미흡하나 내 끝은 창대하리라"는 성경 문구도 있다. 모두가 시작이 중요하다고 한다.

어린아이도 사람이다. 사람은 몸이 불편한 사람을 제외하고는 직립보행을 한다. 그러나 어린 아기는 태어나자마자 걷기를 하지 않는다. 아기는 뒤집기를 하고 나서 기어다닌다. 그다음은 걷기와 뛰기를 할 수 있다.

나는 강사 과정을 진행하면서 처음부터 모든 놀이를 섭렵하여 가르치지 않았다. 처음에는 내가 잘하는 놀이와 내가 좋아하는 놀이를 주로 수강생들에서 가르쳤다. 나는 조용하면서 많이 움직이지 않는 정적인 놀이로 승경도나 쌍륙 등 양반놀이를 주로 지도했다. 지금은 아니지만 사방치기나 달팽이 놀이처럼 활동적인 놀이를 진행할 때는 놀면서도 나 자신이 어색함을 느끼기도 했다.

그런 경험은 나를 성장하게 했다. 내가 못하는 놀이는 수강생들이 질문을 하여도 구체적인 답을 할 수 없었다. 그렇다고 내가 모르는 것을 거짓으로 꾸며서 답하는 성격의 소유자도 아니었다. 모르면 모르는 대로 솔직하게 답변을 했다. 수강생들에게 양해를 구하고 더 연구를 하여 답을 해드리도록 하겠다고 말한다. 이것은 내가 강의를 하면서 실제적 강의를 중요시하는 이유이기도 하다. 내가 직접 체험하고 내가 직접 몸으로 받아들이며 체득하면서 내 것으로 만든다. 외국의 놀이도 마찬가지다. 실제로 결혼 이민자들에게 모국의 놀이를 직접 물어보고 직접 놀이해보면서 내 것으로 만들어 알린다. 우리나라의 전통놀이와 다른 나라의 전통놀이가 비슷한 것이 많기 때문이다.

앞에서도 말했지만 전통놀이 강의에서도 신명이 나지만 연구하는 시간도 마찬가지다. 하나를 알면 또 더 깊이 알고 싶은 생각이 나를 놀이에 빠져들게 만든다. 책과 논문은 나의 궁금증을 도와주는 소중한 친구다. 공원을 산책하다가 어르신들이 공원에서 모여 계시면 어르신들을 귀찮게 하기도 했다. 어떤 놀이를 주로 했고 어떻게 놀았는지 궁금하여 질문하면, 어르신들은 처음에는 거부감을 갖다가 옛날 놀이를 풀어 놓으시면서 기뻐하신다. 그런 가운데 나의 전문 지식은 쌓여간다.

나도 처음에 강의를 배우면서 시작을 했다. 처음에는 전통놀이, 민속놀이의 개념도 모르는 초보 강사였지만, 이제는 관심을 가지고 깊이 파고 들어가니 한 가지씩 알아가는 재미가 솔솔하다. 그래서 놀이도 수준에 맞게 시작하라는 것이다. 놀이를 처음 접하는 사람들에게 어려운 놀이는 거부감을 주기 때문이다. 나는 초보 강사 시절 쉬운 쌍륙놀이가 있는데도 어려운 참쌍륙, 참고누를 가르치며 힘들어한 적이 있었다.

고누놀이는 많은 종류가 있다. 호박고누, 우물고누, 넉줄고누, 혼자고누 등 많은 고누놀이 중에서 가장 어려운 참고누를 처음에 알려 주었으니 듣는 이들이 얼마나 힘들었을까? 모두가 경험이다. 이제는 그런 소중한 경험이 바탕이 되어 수준에 맞게 전통놀이 가르치고 있다. 어려운 놀이는 배워도 잘 활용을 안 하게 된다. 놀이의 흥미도 잃게 만든다. 쉽고 재미있게 전통놀이를 가르치는 과정은 서로에게도 행복한 시간을 만들어준다.

나의 행복은 나의 주변을 밝게 한다. 전통놀이로 좋은 에너지를 받아서 힘들어하는 주변 사람들에게 긍정적인 에너지를 흘려보낼수 있게 되기를 바란다. 놀이가 생명이다. 코로나로 힘든 시기에 세상을 밝히는 전통놀이가 생명을 살리는 도구가 되기를 바란다.

▶ 제기 만들기

▶ 제기차기

02

절망을 희망으로 바꾸는 전통놀이

열심히 일만 하는 바보에게 희망은 찾아올까? 나는 극동방송에서 전파 선교사로 적은 금액이지만 정기적으로 섬기고 있다. 극동방송에서는 전파 선교사로 섬기는 나에게 정기적으로 좋은 소식을 보냈다. 이번 달에는 김장한 목사님의 설교로 '손을 내밀라!'라는 제목의 유튜브 영상이 왔다. 나는 일상이 힘들어 돌파구를 찾고 있었다. 나의 약한 마음에 이 영상은 울림을 주었다. 이 영상은 생각의 차이를 알려주는 영상이다.

어느 식당에서 셰익스피어는 사람들에게 사인을 해주고 있었다. 식당

한구석에서 비질을 하는 청년은 그 모습을 보면서 자신이 처량하게 여겨졌다. 식당 바닥을 청소하는 청년은 앉아서 사인만 하는 셰익스피어를 보면서 자신의 일을 하찮게 여기고 있었다. 그런 청년에게 셰익스피어는 이런 말을 한다.

"자네와 나는 같은 일을 하고 있네. 나는 하나님이 지으신 우주의 한 부분을 표현하고 있고, 자네는 하나님이 지으신 우주의 한 부분을 아름답게 청소하고 있지 않은가?"

자신의 생각은 보는 각도에 따라 차이가 있음을 전하는 영상이다. 현실에 기쁨이 없고 삶이 힘들어 자존감이 낮아진 상황에 영상을 보면서 셰익스피어처럼 긍정적인 생각을 하는 사람이 되고 싶었다. 직업에는 귀천이 없다. 누구나 귀한 일을 하는 사람이다. 나는 주변에 결혼 이주 여성들이 많다. 나는 한국 생활 적응에 힘들어하는 그들의 현실에 공감하며 위로를 해주는 따뜻한 사람이 되고 싶었다. 결혼 이주 여성들은 가족 간의 불화로 "선생님, 저는 어떻게 살아야 할지 모르겠어요."라며 한국에서의 삶이 힘들다며 상담도 많이 했다. 2008년에 만난 그녀들은 이제는 잘 견디어 안정된 가정생활을 이루고 있다. 나는 그들에게 전통놀이 문화를 전하면서 함께 놀고 싶다. 자국의 전통놀이를 함께 즐기고 좋은 에너지를 서로 주고 받으며 희망을 주는 사람이 되고 싶다.

나는 여러 분야의 사람들에게 전통놀이를 가르쳤다. 나는 전통놀이의 가치를 알고 활용하도록 했다. 교사, 공무원, 숲 해설가, 역사 해설가, 상담, 진로, 웃음 등 다양한 분야의 사람들이 전통놀이를 배우고 자신의 자리에서 전통놀이와 함께한다.

인생의 굴곡은 있다고 본다. 힘든 강사 시절 나를 강하게 성장시킨 것이 전통놀이다. 전통놀이는 어두운 바다를 항해하다 길을 잃었을 때 찾은 등대와 같다. 전통놀이는 등대가 되어 내가 가고자 했던 희망의 축복된 항구로 나를 안내했다.

바다를 항해하던 배들의 종착지는 항구다. 항구는 가정과 같다. 항해하는 배는 바다의 거센 파도와도 싸워야 한다. 잔잔한 물결만 일지 않는다. 자연의 섭리는 위대하다. 태풍은 바다를 뒤엎어 순환을 시킨다고 한다. 비온 뒤에 땅이 단단해지는 것과 같은 이치다.

마음의 풍랑이 일 때 전통놀이가 나를 가라앉혀주었다. 마음의 풍랑으로 방황하고 흔들릴 때 전통놀이가 풍랑을 멈추게 하였다. 전통놀이는 희망의 디딤돌이 되어주었다. 마중물을 아는가? 펌프에서 물을 끌어 올릴 때 필요한 물이다. 우리 친정집도 옛날에는 우물물을 먹다가 펌프를 설치하였다. 지금은 펌프를 없애고 다시 우물에서 물을 끌어올려 수도로 연결해서 먹는다. 나에게 전통놀이는 마중물과 같은 매개체이다. 마중물이 된 전통놀이는 나를 새롭게 살게 했다. 지치고 힘든 나에게 청량한 산소를 넣어주었다.

이제는 나의 강사 커리어에도 변화가 생겼다. 초보 강사에서 전문가로 나섰다. 성실히 배우고 꾸준히 연습한 결과이다. 즐거운 일을 하다 보니 인상이 좋다고도 한다. 링컨은 자기 얼굴 탓을 하는 사람에게 "나이 40이 되면 자기에 얼굴에 책임을 지라"고 했다. 나는 이 말을 마음에 새기며 나이가 들면 내 얼굴에 책임을 지는 사람이 되고 싶었다.

나는 만나는 사람들에게 친절을 베풀었다. 특히 결혼 이주 여성들은 나를 신뢰했다. 나는 그들에게 한국 생활 적응에 도움을 주었다. 몇 년 뒤 나는 결혼 이주 여성에게 한국의 전통놀이를 가르치면서 다른 나라의 전통놀이가 우리 놀이와 비슷하다는 것을 알았다.

처음에는 물어도 모국의 전통놀이를 잘 모른다고 했다. 결혼 이주 여성들은 내가 부탁한 전통놀이를 찾아서 알려주었다. 그들도 모국의 전통놀이에 관심을 가지기 시작했다. 그들은 초기에는 한국 생활 적응에 어려움이 많았다. 남편과 가족 간 문화적 차이로 힘들어했다. 전통놀이를 가르치며 자국의 전통놀이와 비슷하다는 것을 알려주었다. 그들은 전통놀이의 재미를 알았다. 나는 아이들과 많이 놀고 즐기라고 했다. 전통놀이를 하면서 힘들어하던 가정생활을 점차 이겨내고 밝은 표정을 짓는 사람들로 바뀌어갔다. 나에게 끌리는 놀이를 하라. 행복한 일상으로 이어주는 매개체가 전통놀이가 되었다.

나는 오전 10시부터 밤 9시까지 하루 종일 박사과정 수업을 듣는다. 수업을 듣고 돌아온 다음 날은 강의가 없으면 늦잠을 잔다. 어느 날 피곤하여 늦잠을 자고 침대에서 일어나려는데 몸을 일으키지 못했다. 허리가 아파서 마음대로 움직이지 못한 것이다. 예전 같으면 바로 한의원으로 달려갔을 것이다. 그런데 그날은 걷고 싶은 생각이 들었다. 그래서 힘들게 몸을 일으켜 바로 앞 공원을 산책하듯 걷기 시작했다.

처음 침대에서 일어나지 못하고 힘들어하던 몸이 걷기를 하면서, 한의원에서 침을 맡지 않아도 될 정도로 좋아졌다. 사람들은 안 좋은 일이 생길 때 절망감을 느낀다. 나도 허리가 아파서 침대에 일어나지 못할 때 '내 몸이 왜 이렇지.'라며 놀라 잠시 절망감이 들었다.

걷기는 아픈 나에게 찾아온 희망의 불빛이었다. 사람들은 살아가면서 절망감과 희망이 교차하는 삶을 살아간다. 즐거운 날이 있으면 슬픈 날이 있고 기쁜 날이 있으면 슬픈 날이 있다. 아침이 있으면 저녁이 있고 낮이 있으면 밤이 있듯이, 산을 오르면 반드시 내리막길이 있는 것과 같다.

절망은 사람을 더욱 어둠으로 몰고가고, 밝은 생각은 더 좋은 일을 가져온다. 〈한책협〉의 김태광 대표는 7년 동안 책을 쓰면서 수없이 원고 거절을 당했다. 그러나 그는 절망하지 않고 끈기를 가지고 오뚝이처럼 다시 일어나 지금은 100억대의 자산가가 되었다.

김태광 대표는 자신이 찾은 노하우를 많은 사람들에게 책 쓰기를 가르치며 알린다. 김태광 대표는 단순히 스펙을 쌓기 위해 하는 공부를 반기지 않는다. 나에게도 책 쓰기를 권했다. 나는 김태광 대표의 책을 읽고 마음을 굳혔다. 나는 전통놀이로 책을 쓰기로 했다. 절망에 빠졌던 나에게 희망을 준 전통놀이 연구가 책을 통해 빛을 발할 날이 빨리 오기를 바란다.

여러분들도 힘든 상황이 있을 것이다. 힘이 들어 절망감에 빠질 수 있다. 그러나 절망 속에는 희망이 싹이 틀 수 있다는 것을 명심하라. 현재의 힘든 상황에 절망하지 말고 밝은 미래를 꿈꾸다 보면 희망의 불빛이 보일 것이다. 나에게 한 줄기의 빛은 전통놀이다. 자신들이 원하는 희망의 빛을 찾으면 놓지 않기를 바란다. 작은 불빛이 환한 등불이 될 수 있다. 나는 전통놀이의 획을 다시 긋고 싶다. 수강 신청 취소를 가져오게 한 절망감은 나를 밝히는 빛으로 도약하게 한다. 나의 상황을 파악하신 존경하는 교수님은 인생의 굴곡을 헤쳐나가게 나를 가르쳐주신 희망의 등불이다.

나는 스트레스가 독이 된다는 것을 안다. 굴곡을 헤쳐나가게 해주신 교수님 덕분에 독을 약으로 바꾸었다. 책을 쓰는 과정도 아픔이 있었다. 나는 김태광 멘토님도 은인으로 생각한다. 미로를 헤매는 나를 책쓰기 과정을 통해 그 곳에서 빠져 나오게 했다. 캄캄한 어둠속에 있던 나에게 한 줄기 빛이 되었다. 나는 코로나로 경제적 수입이 0원이 되어버린 상태에서 벗어나고 싶었다. 나는 희망의 빛을 잡고 싶었다.

김태광 멘토는 나에게 "전통놀이로 책을 써라. 책을 써야 성공한다"고 했다. 김태광 멘토는 절망 속에 헤매는 나에게 성공하는 방법을 가르쳐 주었다. 김태광 멘토는 자신이 어려운 환경에서 성공한 유일한 방법이 책을 쓴 것이라고 했다. 나는 김태광 작가의 『100억 부자의 생각의 비밀』이라는 책을 읽고 나도 성공하고 싶었다. 김태광 작가의 책은 나를 도전하게 했다. 절망의 시간에 희망의 등불은 내가 잘하는 전통놀이로 책을 쓰는 것이다.

남이 봐주는 것이 두 가지가 있다고 한다. 하나는 이름이고 하나는 얼굴이라고 한다. 나는 채애현 이름 석 자를 남기고 싶었다. 나는 하회탈의 양반탈을 내 얼굴의 이미지로 생각하며 인자한 모습이 되고 싶어 입꼬리 올리는 연습을 했다. 나는 입꼬리를 올리며 인자한 인상을 갖기 위해 연습을 했지만 사람들은 나에게 차갑다는 말을 했다. 차가워서 말을 걸기가 쉽지 않다고 했다.

인상에 궁금증을 갖다가 어느 날 알게 되었다. 속마음은 즐겁지 않는데 겉모습만 바꾸려니 사람들이 다가오기 힘든 것이었다. 나는 전통놀이를 시작했다. 전통놀이를 하는 시간은 즐거움을 주었다. 전통놀이를 하는 시간은 억지웃음이 아닌 저절로 웃음이 나왔다. 억지로라도 웃어라. 웃으면 인상이 펴진다. 웃음은 양약이다. 내 표정이 예쁘면 화장품을 많이 안 발라도 된다. 내 표정을 바꾸어라. 하회탈 주름의 인상을 소유하도록 노력하라.

차가운 인상에서 벗어날 수 있도록 하회탈 웃음을 자아내는 놀이를 해볼까? 웃음으로 즐거운 마음을 소유하다 보면 좋은 일이 생긴다. 절망을 희망으로 바꾼다. 전통놀이를 즐기면서 보내는 시간은 가장 행복하다. 행복을 절망에 빠진 사람들과 함께 누려 그들에게 희망의 빛을 선물하고 싶다.

03

전통놀이는 나를 특별한 사람으로 여기게 한다

나는 일회 운행하는 인생의 기차를 탔다. 인생은 한번 출발하면 왕복표를 발행하지 않는다. 인생은 돌아올 수 없는 여행지다. 많이 웃고 많이 사랑하고 많이 즐기자. 머리는 낮추고 사람들을 존경하며 사소한 것에 기쁨을 누릴 줄 아는 감사하는 사람으로 살아가려고 노력한다.

나는 지구별의 여행에서 전통놀이를 선물로 받았다. 여행지에서 얻은 지식, 재물, 가족 그 어떤 것도 여행지를 떠날 때 가지고 갈 수 없다. 나는 전통놀이를 여행지에서 즐기려 한다.

나는 특별한 사람이다. 특별한 사람이 되려면 어떻게 해야 할까? 사람들은 특별함을 명품을 소유한 사람, 외제차를 타는 사람, 유명한 사람, 부의 재력가 등으로 생각한다. 하루를 살아가면서도 유튜브나, 블로그 페이스북 등 SNS 활동으로 특별한 의미를 찾으려 했다. 나는 가족, 지인들과 멋진 곳에서 식사하고, 좋은 장소에서 차를 마시며 보내는 시간으로 행복을 느꼈다. 가족들과의 여행, 가족들과 낚시하는 시간에도 행복했다.

물질적 여유로 시간적 여유를 부리는 것이 나의 부러움의 대상이었다. 나는 주변에서 크루즈 여행, 유럽 여행하는 것이 부러웠다. 그런데 그런 풍요도 건강을 해치니 물거품이 된다는 것을 알았다. 건강하게 생활하는 것의 소중함을 모르는 사람들이 많다. 나는 나의 발, 눈 손 등 신체의 일부 하나하나에 고맙다는 말을 하며 만져준다. 나는 이제야 평범함이 특별함이 되는 것을 알았다. 특별함은 자기다움이었다. 나를 찾지 못하고 좋은 것만 추구하고 더 좋은 것을 찾다 보면 가랑이가 찢어진다.

옛날 속담에 뱁새가 황새를 따라가면 가랑이가 찢어진다는 말이 있다. 뱁새의 짧은 다리로 황새의 긴 다리를 따라가면 힘이 든다. 자기 분수를 지키라는 의미가 아니었을까 생각한다. 여기에 맞는 놀이가 생각나서 소개한다.

이 놀이는 황새와 뱁새 놀이다. 황새와 뱁새의 놀이는 전래놀이다. 이

놀이는 두 사람이 노는 놀이다.

놀이 방법은 다음과 같다.

① 두 사람이 마주 보며 선다. 서로 오른발 발가락 끝을 붙인다. 왼발을 자신의 오른발 뒤꿈치에 붙인다.

② 가위바위보를 하여 이긴 사람의 오른발을 자신의 왼발 뒤꿈치에 붙인다. 진 사람은 상대방의 앞뒤꿈치에 한 발을 뻗어 붙인다.

③ 같은 방법으로 계속 놀이를 한다. 더 이상 다리가 벌어지지 않거나 넘어지면 지게 된다.

▶ 황새와 뱁새 놀이

이 놀이는 신체 놀이다. 다리의 유연성을 기른다. 두 사람이 가위바위보를 하며 주고받는 놀이다. 이기고 지면서 즐거움은 배가 된다. 신체의 균형 감각도 기른다. 다리의 길이로 자존감이 낮아지지 않는다.

"와신상담이란 장작 위에 누워서 쓰디쓴 쓸개를 맛본다는 뜻이다. 복수나 어떤 목표를 이루기 위해 다가오는 어떠한 고난도 참고 이겨낸다는 뜻이다."

큰 뜻을 이루기 위해 분투하는 모습을 가리키는 말이다. 나는 박사가 되기 위해 50이 넘어서도 책과 씨름을 한다. 책은 나를 성장시키는 자양분이 되었다. 배움을 통해 품위와 위엄을 갖추고 지혜롭게 미래를 살려고 설계한다.

여러분은 우유 속에 빠진 두 마리 개구리 이야기를 들어보았는가? 한 마리는 우유 속을 탈출하지 못했지만 다른 한 마리는 살기 위해 체념과 포기를 모르고 끝까지 최선을 다했다. 개구리의 발길질은 우유를 단단한 치즈로 만들어 결국 탈출을 할 수 있었다. 물론 너무 열심히 하면 자신의 목숨을 앗아갈 정도로 치명적일 수 있다.

나는 개구리처럼 무조건 열심히 달려갔다. 이제는 나의 한계를 안다. 몸에 무리가 오면 내려놓고 쉼을 가진다. 한때는 밤을 새워가며 강의 준비와 학교 과제에 충실했다. 이제는 그런 바보 같은 방법을 취하지 않는다. 일도 내가 하고 싶은 전통놀이만을 주로 한다. 다문화 이해 교육도 전통놀이로 풀어간다. 책을 쓰는 동안은 어쩔 수 없는 상황을 제외하고는 거의 일을 포기했다. 몸이 힘들어 쉬면서 나를 돌아보는 시간도 가진다. 나를 발견하고 나의 고집과 아집을 버린다. 오지랖이 넓은 성격을 자제하기도 한다. 힘든 상황에서도 내려놓으니 편하다.

역사는 변할 수도 바꿀 수 없다. 미래는 도전하는 자만이 쟁취할 수 있다. 일의 목표와 방향성을 전통놀이에서 찾았다. 목표를 향해 매진하여 아름다운 열매를 수확하려 한다. 내가 좋아하고 즐겨 하는 전통놀이는 스스로 원하는 것이다. 내가 좋아하는 것을 연습하고 노력하다 보니 나를 특별한 사람으로 만들었다. 나만의 전통놀이의 진행 방식은 전통놀이에서 나다움을 선물했다.

나다움은 그 사람의 품위에서 풍긴다. 자신의 직업에서 최고가 되기 위해 먼저 좋아하는 것을 발견해야 한다. 자신이 좋아하는 일에 관심을 가지고 몰입을 해보자. 나도 초보 시절에는 빈틈을 보이곤 했다. 다른 사람들이 나를 어떻게 생각할지 모르지만 자신이 좋아하는 일에 자신감을 가지면 도전 정신으로 멋진 인생을 살아가는 특별한 사람이 된다. 도전하라! 절대 포기하지 마라! 포기하지 않으면 당신은 행복한 삶을 이어가는 특별한 사람이 된다.

나는 창의력을 발휘하는 일에는 짱이다. 하지만 이 일을 하면서 필요한 강의를 듣고 따라 하면서도 나만의 것으로 재탄생시켜 창의력을 발휘하고자 노력했다. 나는 내가 하는 일에 성공할 것이다. 나는 부자가 될 것이다. 나는 남의 눈치를 보지 않는다. 까칠한 성격의 소유자가 리더가 되면서 우아한 사람이 되었다. 지금도 집에서는 공주 대접을 받지만 나는 가족을 사랑한다. 특별한 사람은 자신만을 위한 삶을 살지 않는다. 세상을 위해 선한 영향력을 끼치는 사람이 되고 싶다. 혼탁한 사회에서 전통놀이로 사람들을 살리는 일을 하고 싶다. 전통놀이 분야에서 전문가로서 도움을 주는 삶을 살고자 한다.

어느 날 진로 교육을 위해 특성화고등학교에 강사들을 데리고 단체로 강의를 나간 적이 있다. 나는 강의만 고집하는 교육을 좋아하지 않는다. 나는 강의에 활동하는 시간을 같이 넣는다. 어느 날 강의를 마치고 설문지를 작성하고 강의를 마무리했다.

강의를 마치고 정리를 하는데 한 남학생이 다가와서 "선생님, 저도 선생님 회사에 취업하고 싶어요."라고 했다. 나는 나의 강의가 아이에게 받아들여져서 감사했다. 나는 그 아이에게 감사하다는 말을 전하고 짧은 시간이지만 상담을 해주었다. 간단한 조언을 해주고 그를 축복해주었다.

나는 고등학교에서 세계 시민 교육을 하고 동시에 사회복지사도 되고 싶다는 학생의 꿈을 듣기도 했다. 어떤 친구는 월드비전에 취업하고 싶다는 이야기를 하기도 했다. 흡연 예방 강의에서는 "담배를 끊고 싶어요, 어떻게 하면 되나요?"라는 질문을 받기도 했다. 위클래스 부장님의 강의 의뢰를 받아 담배를 피우는 친구들에게 강의를 한 적이 있다. 친구들의 수업 소감 발표에서 "학교에서는 선생님들에게 인간 취급도 받지 못하는데 선생님은 우리를 사람 취급해준다"고 했다. 아이들이 진정으로 마음을 열고 다가왔다. 아이들은 변하고 싶어 했다. 나의 강의에는 아이들이 마음을 열고 다가오는 끌림이 있나 보다.

나는 그동안 나의 성격이 까칠하여 다른 사람들과 어울리지 못하는 특별함이 있지 않은가 하고 생각했었다. 나는 가족들과 함께 여행하는 것을 좋아했다. 강사들은 함께 여행을 가고 싶다고 했다. 강사들은 내가 언제 시간을 낼 수 있는지 궁금해하며 기다리고 있다. 나는 혼자 시간 보내는 것을 좋아한다. 다른 사람들과 차 마시는 시간이 아깝다. 그 시간에 책을 한 권 더 읽는다는 생각이 들어서다. 그런데 나를 통해 자신에게 변화를 주고 싶다는 이야기를 들으면서 '내가 사람을 살리는 일을 하고 있구나! 더 시간을 비워 이야기를 들어줘야겠다!'라는 생각을 하게 되었다.

원고를 출판사에 넘기고 더위에 고생한 우리 강사들과 가까운 곳이라도 다녀오려고 한다. 겨울에는 제주도 여행을 잡고 있다. 이제는 세계 시민 교육을 접고 전통놀이에만 매진하려 한다. 그들에게 받은 사랑을 전통놀이에서 전한다. 전통놀이 강의를 하며 '나는 수강생들의 얼굴에 미소를 주고, 용기를 주는 사람이구나.'라고 생각했다. 나는 평범한 사람이지만 한편 나만의 특별함도 가지고 있는 것은 분명하다. 나와 여러분은 세상에 태어난 자체만으로도 특별한 사람이다. 수많은 경쟁을 이기고 한 사람으로 태어나기 위해 얼마나 노력을 했는가? 우리는 대단한 사람이다. 자신을 사랑해야 한다. 우리는 태어날 때부터 위대하게 태어났다. 우리는 누구보다 특별하고 위대한 사람이다. 나는 처음에 주부로 시작했다. 평범한 주부가 꿈을 향해 도전하여 여기까지 왔다. 나와 여러분은 특별하기 때문에 특별한 사람끼리 만나서 전통놀이로 꿈을 열어가기를 바란다. 무리는 하지 마라. 내가 끌리는 것에 도전을 하라! 하고 싶은 일을 찾는 것이 첫걸음이다. 선택받은 사람은 선택할 권리도 있다. 나와 당신은 특별한 사람이기 때문이다.

04

전통놀이로 마음의 상처를 치유할 수 있다

나는 사랑받기 위해 태어난 사람이다. 나는 가족과 주변 사람으로부터 사랑을 많이 받는다. 나는 받은 사랑을 나누는 사람이기도 하다. 인생에서 내가 소망하는 것은 건강하게 살아가면서 사랑하고 사랑받는 것이다.

사랑은 따뜻함과 평온함으로 이 세상을 충만하게 채워주어 우리를 행복한 마음으로 살아가게 한다.

"너희 중에 죄 없는 자가 돌로 쳐라."

성경에 나오는 말씀이다. 나도 죄인이다. 죄인의 한 사람이지만 하나님의 은혜로 다시 태어나 감사하다. 마음의 양식인 성경을 먹으며 서로 사랑하고 용서하며 화해하는 마음으로 살아간다.

우리 집은 믿음의 가정이다. 우리 집은 사랑이 많은 가정이다. 남동생은 캄보디아 선교의 사명을 받고 사역을 한다. 지금은 코로나로 한국에서 잠시 들어와 생활하고 있다. 여동생은 그런 남동생을 물심양면으로 섬기고 있다. 물론 교회와 주변 이웃, 친지들도 잘 챙기는 사랑이 많은, 따뜻한 마음을 가진 고운 사람이다. 여동생은 모든 것을 나눈다.

나는 주변 감사한 분들 덕분에 행복하게 일할 수 있다. 나는 인생의 여행길에 전통놀이가 함께해 감사하다. 전통놀이는 내가 힘이 들 때 기대와 희망을 주었다. 전통놀이에 대한 관심과 사랑으로 나는 인생의 수레에 행복을 싣고 미래로 나아간다. 충실히 행복의 열매를 거두는 데 필요한 전통놀이는 온전히 건강한 파수꾼 역할을 한다.

소중한 오늘은 집중해야 하는 최고의 시점이다. 시간이 금이다. 전통놀이 책도 내고 SNS 활동도 하고 싶다. 후배는 나에게 멀티플레이어라고 하지만, 사실 나는 두 가지 일을 잘 못한다. 하나에 꽂히면 끝을 내야 한다. 나는 빨리 책을 쓰고 싶은 마음에 마음이 급하다. 이제는 한 가지 일에 전념하고 싶다. 과거의 바탕이 현재가 되고 미래를 창출한다. 주어진 현재를 중심으로 최선을 다하고자 한다.

나는 참 열심히 살았다. 자존감이 낮은 내가 전통놀이를 알고 자존감도 높아졌다. 나의 행복을 찾은 것이다. 나는 소심한 성격 탓에 주변 사람들이 무심코 던진 말에도 상처를 입었다. 나의 내면에는 수심이 가득했다. 내면의 어두움은 가릴 수 없었다. 말투가 나를 대변했다. 겉모습을 보고 사람들은 내가 수심이 가득찬 사람이라는 것을 알아챘다.

나는 즐겁게 살고 싶었다. 남편과 가족들은 웃음을 주었지만 뭔지 모를 내면의 어두움 탓에 겉으로는 웃지만 즐겁지 않았다. 남편과 작은아이도 내가 무심코 대답한 말투에 화가 난 억양이라고 했다. 가족은 나의 말투에서 "왜 말투가 매번 신경질적이야?"라고 말했다. 나는 나의 대화방식이 신경질적이라고 생각하지 않았다. 간간이 그 사실을 알려주는 식구들의 말에 자존감은 떨어지고 마음은 아프고 서러웠다. 마음의 상처가 되기도 했다. 때로는 '내가 그렇게 대답하는구나!', '상냥하게 답해야지!'라고 생각하며 고쳐보려고 노력도 했다. 그러나 나의 생각과는 달리 쉽게 화난 억양은 고쳐지지 않았다. 모두가 혼자 견뎌야 하는 시간이었다.

지금 생각해 보면 열심히 일해도 항상 같은 자리에서 맴맴 돌게 되니 그것이 불만으로 이어져 가족이나 주변 사람에게 화난 말투로 나타나게 것 같다. 그로 인해 받은 상처는 자존감을 낮아지게 했다. 자존감이 낮아지자 성격도 다소 날카롭게 변했다. 긍정적 생각보다는 부정적인 생각을 많이 하게 되었다. '나는 왜 강의를 잘 못하지? 나는 왜 강사료도 조금 받지?' 나도 잘 나가는 강사들처럼 많은 강사료를 받고 싶었다. 나의 나약함은 고스란히 마음의 상처가 되었다. 그러나 나의 부족함을 채우고자 책을 찾게 되었고 다양한 강의는 인생 경험의 스승이 되었다.

그러면서 찾은 전통놀이는 나에게 삶의 활력소가 되어 상처를 치유하는 도구가 되었다. 전통놀이를 하며 웃고 즐기는 가운데 사람으로부터 받은 상처는 즐거움을 통해 기억도 나지 않게 되었다. 마음이 위로를 받자 상처도 자연스럽게 치유되었다. 나와 연을 맺은 전통놀이는 마음을 치유해주고 나를 강한 사람으로 만들었다.

나의 우울함은 전통놀이에서 날려버렸다. 전통놀이에서는 하는 방법이 틀리거나 잘하지 못해도 혼내지 않는다. 다른 일들은 제대로 하지 못하면 지적하고 혼내고 업신여기며 자존감을 낮게 만든다. 그러나 전통놀이는 제대로 하지 못해도 나를 위로하며 감싸주고 높여준다. 설사 놀이를 하다가 실수해도 다른 사람들에게 웃음을 선물한다. 이 얼마나 좋은 약인가? 나와 다른 사람의 기분을 전환시키고 마음의 치유가 되는 전통놀이를 널리 공유시키고 사람들에게 즐거움을 주는 마중물로 전통놀이를 활용하고자 한다.

나도 정신적으로 몸과 마음이 아팠기에 아픈 사람들의 마음을 잘 이해한다. 그제야 나를 돌아보고 나를 다시 찾기 시작했다. 나는 갱년기의 슬럼프를 겪지 않았지만 갱년기라 몸의 변화는 안다. 내가 살아야 내 인생이 있다는 것도 안다. 몸과 마음의 상처를 딛고 박사과정도 수료했다. 나도 이제 내 인생을 위해 살아간다. 평상시 할 말을 다 못 하고 살았다. 나를 위해 즐겁고 재미있게 살아가고자 마음먹었다. 나를 대범한 사람으로 생각하고 부담을 떨쳤다.

학교 공부와 책 쓰기, 강의, 일, 주부 등으로 일상이 바쁘고 틈이 없었다. 목표를 두고 살아가는 나는 나에게 엄했다. 그것은 나를 혹사시키는 것이었다. 그러니 몸이 나를 받쳐주겠는가?

이제는 한 우물을 판다. 비우니 한가롭고 행복하다. 집에서 컴퓨터와 씨름하다 밖으로 나가면 눈이 부셔 눈을 바로 뜨지 못하고 찡그리곤 했다. 그러나 이제는 간간히 초록색 나무와 하늘을 쳐다봐도 눈이 부시지 않다. 여유롭다.

아픔만큼 성숙한다고 한다고 했는가? 나는 평소보다 대범한 사람이 되었다. 사소한 것에 잘 놀라고 마음이 콩알만 해졌었지만 이제는 '그거 별거 아니야! 무슨 일이 생겨도 다음에 더 좋은 일이 생길 거야!'라고 다른 사람을 위로하는 사람이 되어가고 있다. 모든 것을 관용 있게 생각하고 넓은 마음을 품게 된다. 전통놀이는 나를 대범한 사람으로 만들었다. 전통놀이는 사람을 살리는 일이다. 전통놀이는 열심히 놀게 하고 꾸밈없는 동심의 세계로 보내준다. 한 번 뿐인 소중한 인생을 무의미하게 보내지 말자. 누구나 명품 인생으로 행복한 시간을 보낼 수 있다.

05

나를 먼저 바꾸니 모든 것이 달라졌다

이왕 사는 인생 즐겁게 사면 어떨까? 어린 영아에서부터 노인에 이르기까지 모두가 일을 하면서 살아간다. 어린 아기는 엄마의 보살핌 속에서 모유나 분유를 먹고 놀면서 살아가는 것이 일이다. 학생은 공부를 하면서 성인들은 자신의 일터나 각자의 자리에서 나름대로 열심히 살아가고 있다. 꼭 경제적 수입을 창출하는 것만이 일은 아니다. 나는 지금 공부하는 학생이자 글을 쓰는 작가이기도 하다. 나는 주변의 어려움을 들어주는 사람이기도 하다. 이야기를 들어주면서 그들이 느끼는 마음의 고통을 덜어준다. 그것 또한 나의 일이다. 나는 강의를 하면서 수입을 창출

한다. 나는 처음부터 다른 사람들의 이야기를 들어줄 만큼 관대한 사람이 아니었다.

나에게는 두 딸이 있다. 남편과 주말 부부로 지내면서 아이들은 늘 혼자 양육했다. 아이들에게 많은 것을 보여줘야 한다는 생각으로 주말과 공휴일에는 늘 견학을 다녔다. 박물관, 놀이동산 등등 늘 보여주기를 좋아했다. 심지어 박물관 곤충 전시회에서는 고슴도치도 만지게 했다. 유치원 때는 TV 방송국의 엑스트라를 시키며 방송이 어떻게 진행되는지도 알려주었다. 이렇게 나는 아이들을 현장 경험을 하게 하며 키웠다.

나는 너그럽게 아이들을 키운다고 생각하면서도 아이들에게 훈계를 많이 하는 엄마였다.

큰 아이는 고집이 있었다. 큰아이는 내가 매를 들어도 잘못했다는 말을 잘 하지 않았다. 반면에 작은아이는 눈치가 빨라서 매도 피해가며 적게 맞았다. 지금 생각하면 정말 무식한 엄마였다. 요즘도 간간히 큰아이에게 잘못했다고 사과를 한다. 엄마가 너무 무식해서 너의 마음을 많이 아프게 해서 미안하다고 한다. 그러면 큰아이는 기억도 안 난다고 했다. 지금도 그때를 생각하면 정말 마음이 아프다.

아이들을 양육하면서 정말 무식한 엄마이자 비전문가로 집에서 살림만 하는 가정주부였다. 다행인 것은 내가 일을 하면서 나에게 눈을 뜨게 되었다는 것이다. 아이들에게 자유로움을 맛보게 하는 엄마로 변한 것이다. 훈계하기보다는 스스로 할 수 있도록 기회를 주었다. 착한 두 딸은 감사하게 예쁘게 성장하여 각자의 자리에서 자신의 역할을 잘 소화하고 있다.

나의 무식한 자녀 양육 태도는 일을 하는 데 많은 도움을 주었다. 아이와 부모들을 만나면서 나의 무식한 양육의 과오는 상담에서 양약이 되었다. 실제로 내가 범한 일을 똑같이 하지 않도록 아이나 젊은 엄마들에게 많은 도움을 주었다. 모두 거저 얻는 것은 없는 것 같다. 무식한 경험은 나를 바꾸게 하는 삶을 살게 했다. 그 경험을 다른 이들과 나누라고 실습을 시킨 것 같다. 많은 사람을 키우는 자리에 세우려고 연단을 시킨 것 같다.

박사과정의 후배도 아이와 소통이 되지 않아 스트레스로 많이 힘들어 했다. 그녀는 집에서 자녀의 공부도 직접 가르치고 있었다. 아이를 가르치면서 머리가 좋은 아이가 성적이 잘 나오지 않는다고 걱정을 했다. 아이와 다투기도 하면서 함께하는 시간은 살얼음판을 걷는 기분, 지옥에 있는 시간처럼 힘이 든다고 했다. 후배는 그런 상황이 너무 힘이 들어 하소연을 했다. 나는 그 말을 들으면서 '아무것도 아닌데 왜 아이와 실랑이를 하며 힘을 빼나? 아직도 미성숙한 엄마구나!'라는 생각이 들었다.

나는 그 말을 듣고 마음의 욕심을 내려놓으라고 했다. 아이들만의 세계를 이해하고 엄마 입장에서만 보지 말라고 했다. 아이를 훈계하면 아이는 더 엇나간다. 아이와 맞서지 말고 무조건 아이 입장에서 바라봐주라고 했다. 칭찬을 많이 해주고 관망하는 자세로 있으라고 했다. 공부는 엄마가 하는 것이 아니다. 아이는 엄마보다 더 힘들어한다고 이야기를 해주었다. 후배는 내 말을 듣고 무조건 그대로 하겠다고 했다.

방학 때 그녀는 나와 통화하며 아이와 소통이 되어 너무 행복하다고 했다. 고등학생이 자살했다는 뉴스를 보면서 더 많은 생각을 하게 되었다고 했다. 아이에게 칭찬도 많이 해준다고 한다. 아이도 그 일이 심경에 변화를 주었는지 모르지만 지금은 소통이 되어 너무 행복하다고 했다.

"선생님, 저 선생님 말씀 듣고 내려놓았어요. 이제는 너무 행복해요."

그녀의 가정을 축복한다. 서로 소통을 잘 하게 된 것에 감사했다. 지난날을 다시 회상하게 한다. 나도 미성숙한 부모 시절 '누군가 나에게 한마디만 주었어도 아이의 마음을 아프게 하지 않았을 텐데!'라는 생각이 들었다.

나는 후배에게 나의 지난날은 이야기하지 않았지만 그녀는 현명한 사람이다. 그녀는 자신의 마음을 바꾸니 가정의 평화가 오는 것을 알았다. 생각을 바꾸고 마음을 나누면 더욱 따뜻해지고 행복해지는 것을 느꼈을 것이다. 그녀의 아이가 기대된다. 미래에 멋진 인재가 되어 사람을 살리는 사람이 될 것이다. 인생은 길지 않다. 그래서 찰나라고 한다. 사는 동안 많은 사람들에게 자신을 먼저 바꾸라는 희망의 메시지를 전하고 싶다.

나는 자신이 바뀌면 모든 것이 바뀐다는 것을 안다. 살다 보면 뜻하지 않게 힘든 시련이 생긴다. 그 시련을 어떻게 극복하는가에 따라 삶은 희망과 고통이 바뀐다. 잠깐의 고통 때문에 삶의 희망을 잃어선 결코 안 된다. 나의 생각을 먼저 바꾸자! 희망은 당신을 기다리고 있다.

얼굴을 성형하고 나면 예전보다 이미지가 좋아지기도 하지만, 어떤 경우에는 다소 어색한 느낌을 주기도 한다. 사람들의 겉모습을 바꾸는 것은 필요성에 의해서다. 건강 목적일 수도 있고 미용 목적일 수도 있다. 이렇게 자신을 사랑하고 세상에서 당당하게 살아나가기 위해서는 겉모습을 바꾸는 것도 중요하지만, 내면의 마음을 바꾸는 것도 중요하다.

내면의 마음인 생각의 전환은 나를 바꾸는 것이다. 생각은 모든 것을 바꾸기 때문이다. 내가 지금 당장 힘이 들어도 생각하기 나름이다. 나보다 더 힘든 사람을 생각하고 감사하는 마음을 가져보자. 지금의 힘듦은 행복으로 바뀔 것이다. 후배가 했던 것처럼 생각을 바꾸면 암울했던 자녀와의 관계도 행복으로 바뀔 것이다. 결국 당신은 힘든 상황을 이길 것이다.

사람들은 살아가면서 뜻하지 않는 일로 시련을 맞는다. 자녀와의 갈등이나 질병, 사고, 일 등 다양한 사건들로 시련을 겪는다. 많은 사람들은 시련을 통해 배우고 다시 일어나는 원동력이 얻기도 한다. 시련은 일생에서 가장 중요한 가르침이다. 시련은 성장의 도구가 된다.

나는 지금은 전통놀이를 즐기면서 모든 놀이를 소화한다. 그러나 처음부터 모든 놀이를 소화하지는 않았다. 처음 몇 년은 활동적인 놀이는 하지 않았다. 내 마음에는 '활동적인 놀이는 어려워! 나는 활동적인 놀이는 못하는 사람이야!'라는 생각이 있었다. 어린아이들이 음식을 골고루 먹지 않으면 편식하는 것처럼 나도 전통놀이에서 편식을 했다. 활동적인 놀이는 다른 강사에게 맡겼다. 강의를 맡기고 참여도 안 했다. 그렇게 하다보니 나는 활동적인 놀이를 점점 멀리하게 되었다.

어느 날 아이들이 재미있게 노는 것을 지켜보면서 '저 놀이 재미 있네!' 하고 관심을 가지게 되었다. 전통놀이 외부 바닥그림을 그리면서 활동적인 놀이에 더 관심을 가지게 되었다. 나도 저런 놀이를 하고 싶다는 생각이 들었다. 전통놀이를 선생님들께 소개하면서 놀이 방법을 알고 설명을 해주니 더 쉽게 받아들일 수 있었다. 이제는 활동적인 놀이도 재미있게 한다.

내가 전통놀이를 편식하면서 계속 '나는 활동적인 놀이를 못하는 사람이다! 나는 양반놀이만 잘해!'라는 생각을 바꾸지 않았다면 나는 만능 놀이꾼이 될 수 없었을 것이다. 내가 생각을 열고 받아들이는 동안 놀이도 더 재미있게 다가왔다.

내성적인 성격도 생각을 바꾸면 활동적인 성향으로 바꿀 수 있다. 모든 것은 마음먹기에 달려 있다. 내가 먼저 손을 내밀면 상대방은 손을 잡아준다. 그렇게 하면서 상대방도 나를 대하는 태도가 바뀌어간다. 내가 못해도 다독여주며 용기를 주는 사람, 힘을 내어 다시 일어나도록 격려와 칭찬으로 박수갈채를 보내는 진심 어린 사람이 좋다.

마음을 읽어주고 곁에서 용기와 지혜를 주는 사람이 진정 좋은 벗이다. 인생이 아름다운 것은 함께하는 좋은 이웃이 있기 때문이다. 사람이 재산이지만 나에게는 놀이도 재산이다. 당신에게 재산은 무엇인가? 그 재산이 자신을 바꾸는 원동력이 되기를 바란다. 두 손 벌리고 자신을 맞아줄 것이다.

06

전통놀이는 나에게 특별한 시간이다

나는 전문 분야가 있어 고정적인 강의와 높은 강사료를 받고 있는 사람들을 보면서 속으로 '나도 글로벌 강사 된다!' 하고 다짐하고는 했다. 나는 여행 가방을 끌며 공항으로 가는 모습을 상상했다. 비즈니스석을 타고 강의하러 다닌다고 마음속으로 비전을 품기도 했다.

어느 날 대학원의 동기로부터 좋은 강의가 있으니 들으라는 권유를 받았다. 대학원 수업에 도움도 될 것 같아 수강료는 비쌌지만 나는 바로 등록을 했다. 배운 것으로 강의는 했지만 시간이 흘러도 인생은 나아지기는커녕 통장에는 잔고가 빌 정도로 오히려 더 나빠졌다. 누구에게도 말하고 싶지 않았고 말하기도 싫었다. '나도 좋은 날이 있을 거야!'라는 기대감으로 살았다. 나는 강의를 열심히 하며 지냈다. 강의 준비에 힘이 들었지만 나는 그냥 열심히 묵묵히 일을 했다.

대학원 동기는 나에게 전통놀이를 함께하도록 도움을 주었다. 그녀는 〈창의전래놀이교육협회〉의 이미정 대표이다. 그녀는 열정적이고 추진력이 있다. 여자이지만 가정 경제를 혼자 꾸려 나가는 대단한 사람이다. 그녀는 무조건 나누는 좋은 사람이다. 어린아이들만을 대상으로 하다가 성인들을 만났는데도 학부모님을 상대하는 것처럼 편하게 강의했다. 나는 열심히 도와주며 함께한 덕분에 전국을 누비는 강사가 되었다. 전통놀이는 여행과 놀이로 즐거움을 주는 행복한 시간을 만들어주었다.

나는 시키는 대로 무조건 열심히 했다. 남편은 무조건 열심히 하는 것은 바보라고 했다. 남편은 내가 힘들어하는 것이 안쓰러워 조언을 해준 것이다. 그런데 나는 내 몸을 받쳐 열심히 하는 방법밖에 몰랐다. 무식함이 무기가 되어 열심히 걸어가니 이제는 전문가의 길을 걷는다.

나는 새해 다이어리를 받으면 일정을 먼저 체크한다. 그다음에 하는 일은 버킷리스트를 작성하는 것이다. 나의 버킷리스트는 실제로 이루어진 것도 있다. 그러면 다른 것을 추가해 넣는다. 다이어리에는 좌우명도 기록한다. 나는 세상에 태어나 '내 이름 석 자를 남기자'와 '미루지 말자'는 좌우명이 있었다. 나는 습관적으로 일을 미루다 보니 하지 않게 되는 것도 있었다. 과제와 독서가 그것이다. 과제는 어차피 해야 하는데 미루는 습관 탓에 급하게 닥쳐서 하곤 했다.

어느 날 나의 이런 행동을 보고 작은아이가 나에게 한마디 했다. 엄마는 해야 하는 일인데 왜 맨날 닥쳐서 급하게 하느냐고 말했다. 어른으로서 아이에게 부끄러운 마음이 들었다. 아이의 충고를 나는 마음으로 받아들였다. 최대한 급한 일부터 하게 되는 습관을 들이도록 노력하는 사람이 되었다. 그러나 간간이 책에 빠져들어가 시간을 보내다가 다시 과제를 하는 데 주력하기도 했다. 이제는 박사과정을 수료하였다. 학교 과제는 없지만 먼저 해야 하는 일은 미루지 않는 습관을 들이도록 노력한다.

〈한책협〉의 김태광 대표와 주이슬 코치는 시간은 금이라고 했다. 남편과 작은아이도 늘 나에게 "시간은 돈이다."라고 말했다. 작은아이는 "엄마! 전기세도 돈이야. 강사료 얼마 받아? 매일 늦게까지 하는데 전기세가 더 나가겠다!"라고 말했다. 나는 그 말을 실감하지 못하고 시간을 보냈다. 하루에 10분 절약이면 한 달이면 몇 시간이 되는가? 1년이면 어마한 시간이 모인다. 습관적으로 시간을 낭비했다. 이제는 시간이 금인 것을 알고 낭비하지 않으려고 노력한다.

나는 평소에 일찍 기상을 한다. 새벽 시간의 일상은 책으로 시작한다. 강의 준비를 하다가 전통놀이나 세계 놀이에 관한 자료를 찾는 버릇이 생겼다. 짬짬이 놀이 관련 연구에 시간을 보낸다. 지금은 전통놀이 책을 쓰는 데 전념하고 있다. 그전에는 강의 준비에 많은 시간을 투자했다. 그러나 요즘은 전통놀이가 전문이 되어 강의안 작성에서 강의 원고 쓰기까지 많은 시간이 필요치 않다. 강의 준비는 점검으로 끝이 나는 것도 있다.

이제는 성공하는 사람들이 시간을 아끼는 이유를 알았다. 계획을 세우는 것은 시간 절약이다. 성실한 계획은 자기주도적으로 미래를 설계할 수 있게 해준다. 시간 관리는 성공자의 지름길이다. 전통놀이는 나의 삶을 사랑하게 하였다. 전통놀이는 나에게 특별한 시간이다. 내가 슬플 때 나의 위로가 되었다. 수강생들의 마음도 기쁘게 했다. 부자가 되려면 부자의 습관을 따라 하라고 했다. 모방은 또 다른 창조를 낳는다.

나는 전통놀이로 부유한 마음을 가지게 됐다. 나는 전통놀이의 메신저가 되어 부자의 삶을 산다. 나는 전통놀이를 즐기며 나누는 삶을 살아가고자 한다.

빌 게이츠는 일찍 일어나면 하루가 길어진다고 했다. 많은 리더들이 새벽형 인간으로 살아간다. 나도 새벽형 인간이다. 새벽에 일찍 일을 시작하면 하루가 즐겁지만 업무의 능률이 생긴다. 강의를 준비하면서 늦은 시간 일을 해도 회전율이 낮았다. 그럼에도 늘 헤매며 올빼미 생활을 했다. 나는 카네기처럼 오늘에 충실하기로 했다. 미래는 오늘을 잘 보내는 자의 삶이기 때문이다. 오늘이 없으면 내일도 없다. 오늘에 최선을 다한다. 찬송가 중에 〈내일 일은 난 몰라요〉라는 찬송가가 있다. 내일 일은 염려하지 말고 오늘을 잘 보내고 내일을 맞이하려고 한다.

지금 이 순간에 충실하기로 했다. 나에게 특별한 시간을 제공하는 전통놀이는 최고의 마약이다. 한 가지 일에 집중을 하니 부담감도 없어졌다. 여러 강의 준비는 나를 억압했었다. 토마스 에디슨처럼 한 번에 한 가지 일에 집중하기로 했다. 에디슨은 초등학교에서 3개월 만에 쫓겨났다. 궁금증이 심해 학교에서 쫓겨나자 현명한 어머니가 직접 공부를 가르쳤다. 긍정적인 어머니 밑에서 발명왕 에디슨은 탄생했다.

나는 강의를 마치고 강사들에게 질문 받는 것을 좋아한다. 나는 에디슨의 초등학교 선생처럼 생각하지 않는다. 궁금해서 질문이 생긴다는 것은 그만큼 흥미를 가지고 있다는 증거이다. 강의가 살아 있다는 것이다. 전통놀이는 살아 있는 강의가 되어야 한다. 나는 강사들과 소통하기를 좋아한다. 나도 사람이라 갑자기 답변하기 어려운 질문이 있을 수도 있다. 그러나 당황하지 않는다. 나는 모르는 것은 솔직히 말한다. 양해를 구하고 답변은 다음 시간에 해주기로 약속한다.

나는 전통놀이에 몸과 마음의 에너지를 모두 쏟아붓는다. 내가 좋아하는 일을 찾게 되니 한 가지 일에 시간을 보내게 된다. 누구나 성공할 수 있다. 성공은 반드시 집중과 함께 있다. 우리 집 옥상에는 여러 가지의 과실수가 심어져 있다. 포도, 블루베리, 대추, 사과 등의 과일나무를 남편이 재배하고 있다. 작년에 심은 사과나무는 꽃을 피워 열매가 맺혔다. 남편은 몇 개 달린 사과 열매를 모두 솎아내었다. 첫 열매를 제거하여 내년의 더 많은 열매를 수확하기 위함인 것 같다. 내가 아는 열매 솎아내기와는 달랐다. 열매가 많이 열릴 때 솎아내어 더 좋은 열매를 수확하기 위함인데 또 한 가지 배운다.

열매를 솎아내는 비움은 채움을 의미한다. 나는 짬을 내어 조금씩 집안을 정리하고 있다. 그동안 옷도 짬짬이 정리를 했다. 그래도 버릴 것이 생긴다. 그동안 모아둔 필요하지 않는 자료도 버리고 할 일은 많다. 원고가 마무리되면 편하게 잠시 쉼을 가져본다. 강사들과도 우아하게 차를 마실 시간도 없이 시간을 보냈다. 이제는 여유를 잠시 부리려고 한다. 충전의 시간을 통해 새롭게 태어나려 한다. 내 삶을 바꾼 전통놀이는 나에게 특별한 시간을 만들어주었다. 전통놀이의 메신저인 나의 삶이 기대된다.

나에게 있어 전통놀이는 소중하고 특별하다. 나의 사고방식을 바꾸게 했고 자유롭고 풍요로운 삶을 살게 해줄 것이다. 낭비한 시간이 있는가 하는 후회는 더 큰 시간을 낭비하게 한다. 나는 잠시 짬을 내어 휴식을 취한다. 예전에는 쉬어도 강의 준비를 위해 시간을 사용했다. 지금의 일상은 생각도 못 했다. 그런데 전통놀이는 나를 너그럽게 만들었다.

전통놀이는 바쁜 현대인들에게 쉬어갈 수 있는 의자가 되어 쉼을 주는 특별한 시간을 만들어준다. 내가 지쳤을 때 피로를 풀어주고 의자에 앉아 놀면서 쉴 수 있다. 특별한 시간을 만들어주는 데 필요 충분하다. 나처럼 바쁘게 지내는 사람들에게 피로 회복의 박카스로 전통놀이를 선물하고 싶다.

07

힘들고 어려운 상황에도 희망을 잃지 마라

내가 지금 전통놀이로 전문 강사의 길을 걷는 원동력은 농부의 딸로 태어나 얻은 뚝심이다. 시골에서 놀아본 추억이 있었기에 놀이 강사라는 직업은 쉽게 다가왔다. 부모님의 근면 성실한 면이 나를 세웠다. 나누고 베푸는 가족들로부터 받은 사랑은 큰 혜택이 되었다.

나는 1남 5녀의 넷째 딸로 농부의 가정에서 태어났다. 부모님은 연년생의 6남매를 키우시기에는 농사만으로는 힘이 드셨다. 그래서 큰언니는 어려운 집안 형편으로 중학교를 마치고 더 이상 학교에 진학하지 않았다. 언니는 동생들에게 더 많이 배우도록 양보한 것이다.

그때는 몰랐다. 나는 커서도 '언니는 왜 중학교만 다녔지? 더 공부하지.'라고 생각했다. 둘째 언니는 머리가 좋았다. 대학에 갈 수 있었지만 가정 형편을 생각해 여상을 지원했다.

졸업 후 한국농약이라는 회사에 취업을 했다. 셋째 언니는 중학교를 졸업하고 집을 떠나 부산에서 생활을 했다. 셋째 언니는 낮에 일을 하고 밤에는 야간고등학교에서 공부를 했다. 동생과 나는 언니 덕분에 친구들이 운동화를 신고 다니던 시절에 구두와 코트도 입을 수 있었다. 언니 덕분에 나름 폼을 내며 학교에 다녔다. 나와 여동생은 공부에 취미를 느끼지 못했다. 여동생과 나는 언니들처럼 고등학교를 졸업하고 취업을 해 돈을 벌었다. 나는 구미에서, 동생은 포항에서 일을 했다.

우리 집은 농사를 지어 벼를 수매하거나 쌀을 팔아야 돈이 생겼다. 누에를 기르는 철에는 누에를 쳐서 수매 후 아버지는 막걸리를 한잔하시고 돌아오셔서는 기분이 좋아 용돈을 주셨다. 용돈을 받으면 날아갈 듯 기분이 좋았다. 지금 생각해보면 아버지는 자식들에게 잘 해주고 싶은 마음이 많이 드셨을 것이다. 부모의 마음은 같지 않을까 생각한다. 아버지는 많이 챙겨주지 못해 미안한 마음이 드셨을 것이다.

이제 나도 벼가 익어가는 듯 부모님의 마음이 읽어진다. 하지만 아버지는 지금 안 계신다. 시골에는 노모만 계신다. 사랑하는 노모를 잘 챙겨드려야 하는데 아직도 노모에게 걱정을 끼치는 자식이라 죄송하다. 내가 잘되는 것을 보여드리고 싶다.

우리 가정은 일만 하시는 부모님을 보고 자랐다. 아버지는 부지런하셨다. 이른 새벽에 일어나 늘 논과 밭을 둘러보시고 들어오셨다. 부지런한 아버지는 겨울 농한기에도 쉴 틈이 없다. 겨울에는 새끼를 꼬았다. 꼰 새끼로 가마니를 짜서 돈을 벌기도 했다. 돈이 필요하면 쌀을 팔아 살림을 꾸려나갔다. 우리 집은 돈이 늘 풍족하지 않았다. 다섯 명의 아이들을 공부를 시키는 데 등록금으로 들어가는 돈도 만만치 않았다.

나는 아침 등굣길에 준비물을 가져갈 수가 없어 떼를 쓴 기억이 있다. 떼를 쓰는 나를 엄마는 혼냈다. 그때마다 큰언니가 우는 나를 달래서 학교에 다녀오게 했다. 어린 나이에 나는 철부지로 자랐다.

늘 언니들이 보호자였다. 그렇게 사랑을 받고 자라면서 직장에 들어가서는 큰언니의 딸들을 잘 챙겨주었다. 놀러도 같이 다녔다. 나는 늘 엄마처럼 내가 받은 사랑을 나눴다. 고마운 언니들 덕분에 지금 내가 사랑을 나누며 살아갈 수 있어 감사하다.

코로나로 많은 사람들이 어려운 상황에 처해 있다. 특히 음식점을 하는 소상공인들도 많이 힘들어 한다. 지인도 음식점을 하는데 장사가 안 되다 보니 죽을 쑨다고 했다. 물론 반대로 성황을 이루는 곳도 있다. 배달 문화는 잘되고 있다. 포스트 코로나 시대를 살아가면서 세상의 변화는 많다. 강사들도 마찬가지다. 비대면으로 힘들어하지만 한편으로는 온라인으로 대박을 누리는 사람도 있다. 이처럼 사람이 살아가는 데는 늘 대치되는 상황이 발생한다. 어려운 상황에 처한 이웃들을 위로하고 사람들 간 따뜻한 마음을 전하는 인간적인 미가 많이 사라지고 있다. 자주 만나고 소통이 필요하지만 코로나로 그렇게 하지 못해 아쉽다.

현재 상황이 힘들 때 많은 사람들은 '나는 힘들어! 나는 불행해!'라는 말을 많이 한다. 나는 한때 많은 교육을 들으러 발품을 팔았다. 그때 만난 석봉토스트 대표는 강연에서 자신이 남들과 다르게 생각하고 살았다고 했다. 그는 트럭을 가지고 처음 토스트를 팔면서 서러움도 많이 당했다고 했다. 본인의 사업장이 없어 트럭에서 장사를 하면서 불법 단속으로도 힘이 들었다고 한다.

그는 늘 현재의 상황이 힘들어도 '나는 우울해! 나는 불행해! 나는 힘들어!'라는 말보다는 긍정적으로 생각을 하였다고 한다. 삶을 살아가면서 어려운 상황이나 힘든 일은 누구에게나 다가올 수 있다.

석봉토스트 대표는 매일 출근하면서 현관 앞에서 '3뻐'를 외쳤다고 한다. '나는 기뻐! 나는 예뻐! 나는 바뻐!'를 외치고 출근하면서 도전을 받았다고 한다. 그는 위암으로도 고생을 했다. 많은 난관을 이겨내고 지금은 많은 사람들에게 나눔을 실천한다. 현재 김석봉 대표의 경영철학은 '초심을 잃지 말자'이다. 그는 빵이 아닌 희망을 굽도록 도와드린다고 한다. 현재 닥친 일로 '나는 불행해. 나는 힘들어.'라고 생각한다면 늘 불행한 삶으로 살아갈 것이다. 생각을 바꿔보자. 현재 힘은 들어도 생각의 전환으로 '나는 행복해! 나는 잘되고 있어!'라고 외쳐라. 그러면 반드시 힘든 시간의 안개는 걷히고 다시 좋은 날의 무지개가 고개를 내밀 것이다. 당신은 축복받은 사람이다.

"인간이 하는 걱정 중에 40%는 절대 일어나지 않는 것에 대한 걱정이다. 30%는 이미 일어난 일에 대한 고민이다. 걱정의 22%는 사소한 고민이다. 나머지는 우리 힘으로 어쩔 수 없는 것, 우리가 절대 바꿀 수 없는 것이다."는 글을 본 적이 있다.

배우 윤여정은 '인생은 가까이에서 보면 비극이요, 멀리 보면 희극'이라고 했다. 인생을 어떻게 생각하느냐에 따라 삶은 희극과 비극의 갈림길이 된다. 그녀는 이혼과 여러 어려운 상황이 있었다. 그럼에도 잘 견디어내었다. 그녀는 연예인이지만 이모 같은 다정다감함은 그녀의 매력이다. 멋지게 늙어가는 그녀가 보기 좋다. 나도 그녀처럼 멋지게 늙어갈 것이다.

나는 배우는 아니지만 전통놀이를 가르치는 달란트가 있다. 전통놀이를 통해 많은 사람들에게 다가가서 재미를 준다. 웃음과 행복을 전하는 전통놀이는 두려움을 실천으로 바꿔준다. 마음을 고쳐먹으면 전통놀이를 하는 순간순간 가슴속에서 이루 말할 수 없는 기쁨이 터져 나온다. 놀이를 하면서 실패가 두려워 도전을 주저하며 다른 사람들에게 양보를 하기도 한다. 마음을 바꾸면 어느 누구보다 재미있고 행복해지는 것이 놀이 시간이다.

어려운 난관에 닥치면 많은 사람들이 좌절을 한다. 나는 그런 상황에서도 늘 잘 해결된다는 긍정적인 생각을 했다. 힘들고 어려운 상황을 겪는 사람들의 절망적인 마음도 이해가 되지만, 힘이 들어도 희망의 끈을 놓지 않으면 반드시 좋은 일이 생긴다.

절대 포기하지 마라! 많이 들어 본 말이지 않는가? 영국의 윈스턴 처칠 수상이 옥스퍼드대학 졸업식에서의 명연설이다. 윈스턴 처칠이 한 말이지만 나는 바이든 미국 대통령이 떠오른다. 79세 당선되기까지 얼마나 기다렸겠는가? 꿈을 포기하지 않으면 반드시 이루어지는 것을 본다.

나에게도 일을 하면서 힘든 상황은 많았다. 그럴 때마다 남편과 지인들이 도움을 주었다. 이제는 남편이 무슨 일을 또 만들까 걱정하는 눈치다. 내가 하는 일을 되도록 알고 싶어 한다. 어떤 때는 피곤하지만 그래도 늘 도움을 주기에 내가 일을 할 수 있다는 생각에 감사한 마음이 든다. 남편은 나의 든든한 조력자이기도 하다. 힘들고 어려운 상황에 혼자 고민하지 마라. 가족이나 사랑하는 사람들에게 고민을 나누며 힘을 덜어보자. 조언을 구하면 희망이 보인다.

절대 포기하지 말라! '희망'은 너를 맞을 준비를 하고 있다.

08

전통놀이는 다른 사람보다 나를 먼저 사랑하게 한다

『채근담』에는 이런 말이 있다.

"사람은 항상 마음 한구석을 비워두는 것이 좋다."

인간의 욕심을 비우고 마음의 여유를 가지라는 의미이다. 나는 학교 공부와 일로 바쁘게 일상을 보내면서 갑작스러운 지인의 비보로 인생의 덧없음을 느꼈다. 나는 갑작스러운 소식에 한동안 마음을 가라앉히지 못하고 공허한 시간을 보냈다.

그녀는 세상을 떠나기 전 일상을 여행으로 채웠다. 나는 일로 바쁘게 시간을 보내는 찰나에 그녀의 전국 투어 여행은 마냥 부러움의 대상이었다. 어느 날은 대구, 어느 날은 부산, 강원도, 제주도, 심지어 태풍으로 들어가지 못하던 울릉도도 갔다. 그녀는 늘 가족과 함께하는 여행의 행복한 일상을 카톡으로 공유했다. 그녀는 나의 부러움의 대상이었다. 나는 언제 일을 벗어나 자유로운 여행을 다니지? 물론 나도 방학 기간에는 나에게 시간을 내어 여행을 다녔지만 일상을 늘 여행으로 채우는 그녀가 부러운 생각이 들었다.

지병이 있으신 줄은 알았지만 마치 건강한 사람처럼 평소에 밝고 아름다운 그녀를 보면서 마음속으로 세상은 참 공평하지 못하다는 모난 생각을 했다. 지금 생각하면 그녀에게 비우는 시간을 주신 것 같다. 좁은 마음에 모난 생각을 한 내가 부끄럽고 죄송하다. '사랑합니다 교수님!'

옛날에 나는 자신을 사랑할 줄 모르는 어린아이와 같은 들놀이 삶을 살았다. 겉으로 보이는 것에만 관심을 두었다. 이제는 나 자신의 가치를 발견하고 자신을 먼저 사랑하게 되었다. 힘들어도 무조건 달렸지만 이제는 피곤하면 쉬어갈 줄도 안다.

자신을 먼저 사랑하지 않고는 다른 사람을 사랑할 줄 모른다. 아무리

보잘 것 없는 존재라도 나 자신이 그렇게 여기지 않으면 된다. 사람은 그 존재 자체만으로도 소중하고 아름답다. 인생의 아름다운 무늬는 상처의 고통을 견뎌냄으로써 새겨진다. 향나무의 향기가 짙어지는 것은 향나무의 상처로 향기가 뿜어져 나오기 때문이다.

대나무는 볏과의 풀이다. 대나무는 나무가 아니라 식물이다. 대나무는 땅속에서 싹을 틔우기까지 4년이라는 시간이 필요하다. 세상에 빛을 발한 죽순은 하루에도 몇십 cm에서 길게는 1m를 뻗어가기 시작한다. 사람에게도 기다림의 시간이 필요하다. 사람들은 귀중한 존재임에도 불구하고 자신의 존재 가치가 빛을 발하기도 전에 쉽게 좌절하고 단념한다.

실패의 원인은 패배로 인한 절망의 감정에 너무 오래 머무르기 때문이다. 한계를 느끼고 이제 더 이상 못하겠다는 패배감은 단념을 불러온다. 실패의 모든 원인은 자신의 생각에서 온다. 실패를 벗어나지 못하면 늘 제자리걸음을 하게 된다. 대나무처럼 기다릴 줄 알아야 한다. 인고의 시간을 통해 자신을 사랑하고 시야를 넓혀야 한다.

나는 50살이 되어서야 사람으로 태어났다. 그 동안은 성질도 급하고 애송이처럼 들놀이 인생을 살았다. 이제는 나만의 즐거운 인생을 맛본다. 든든한 후원자인 전통놀이가 있어 나를 먼저 사랑해주기 때문이다.

미래는 창조자의 것이다. 방황하지 않는 인생은 없다. 방황이 길어질수록 인생이 깊어질 수 있다. 즐기려는 마음을 가져라. 즐기려는 마음은 철이 없는 마음으로 아이들의 마음과 같다. 타인과 어울리면서 친해지는 마음이다. 즐기려는 마음은 서로의 마음을 달래주고 어루만져 준다. 즐기려는 마음은 헌신적인 어머니의 마음처럼 넓은 마음이다. 나는 내가 하는 일에 관심과 사랑을 준다. 전통놀이는 다른 사람보다 나를 먼저 사랑하게 한다. 내가 좋아하는 일이 되어주었다.

즐기려는 마음은 언제나 열려 있고 언제나 긍정적이다. 사람들에게 사랑을 받는 것이 어떤 기분인지 나는 잘 알고 있다. 자존감이 높아진다. 『왕의 재정』의 김미진 작가는 사람들에게 많은 사랑을 받는다고 한다. 제자들은 항상 자신의 건강을 염려하고 여러 가지로 신경을 써준다고 한다. 사랑은 인간의 근원적인 감정으로 어떤 사람이나 존재를 몹시 아끼고 귀중히 여기는 마음을 말한다. 사랑을 하면 관심을 주고 관심을 받게 된다. 나는 나의 일을 포함해 가족과 지인들에게도 사랑을 받는다. 사랑을 받으면 열정이 생긴다. '열정'하면 빨간색을 생각할 것이다.

나는 초록색을 좋아한다. 초록색은 애벌레형 인간이다. 감정의 결여나 의식적인 회피를 상징하는 것으로 '쉬고 싶어요'라고 말하며 휴식을 취하고 에너지를 갈구하는 색으로 본다. 나는 늘 피곤에 쩔어 쉬고 싶었다.

전통놀이를 찾고 나서는 일이 즐겁다. 간간이 쉬며 일을 한다.

『색과 성격의 심리학』의 저자인 포포 프로덕션은 색으로 사람의 심리를 말하고 있다.

"초록색은 사람의 마음과 몸을 치유하는 색으로 자연을 의미하는 색이다. 녹색은 풍요와 용기, 희망, 영원한 사랑을 상징하는 색이다. 녹색을 좋아하는 사람은 사회성이 강하고 성실하다고 한다. 예의가 바르며 겉과 속이 같다. 초록색은 사람을 다루는 능력이 뛰어나다. 조정력이 있지만 자기주장에는 다소 소극적이다. 처음에는 자기 마음을 잘 열지 않는다. 다른 사람들에게 이용을 당하기도 한다. 남을 쉽게 믿는다. 온화하지만 강한 본성을 가졌다."

모두가 나의 성향과 비슷한 말인 것 같다. 나는 초록색 다음으로 파란색을 좋아한다.

"시원하고 밝은 색의 파란색은 쉽게 '예'라고 답을 잘 한다. 심장 안에 열정 에너지가 자리하고 있다. 부정적인 경험은 빨리 해결해야 한다. 나는 생각을 전환하여 좋은 생각만을 심고 있다. 파란색은 성실, 희망, 신성함, 책임의 의미다. 파란색은 집중력을 높이는 색이기도 하다. 파란색을 좋아하는 사람은 성격이 유순하고 협동성이 뛰어나 누구와도 잘 어울린다. 신중하고 성실한 것이 장점이다. 규율을 잘 지키고 예의 바르며 겸손하다. 보수적인 면이 있어 지나치게 차분하게 대처한다. 약점은 자기 의지와 주장이 약하다는 점이다. 대기업에서 선호하는 색이다."

포포 프로덕션은 색깔을 성격 심리학으로 말했다. 좋아하는 색과 좋아하지 않는 색의 선택 자체가 그 사람의 성격을 대변하기보다는 그 시점에서 기분과 감정의 심리적 표현이 맞아떨어진다고 본다. 그 상황에서 행동 개선, 의식적 노력이 도움을 줄 수 있다는 것이다. 이렇듯 색이 의미에서 비슷한 성향을 보일 수 있으나 너무 단정 짓고 스트레스를 받지 않기를 바란다.

스트레스는 우리의 삶과 밀접한 관계가 있다. 스트레스는 우리가 머무는 곳에 함께한다. 나는 색상을 통해 사람의 심리를 표현한다는 것에 놀랐다. 나는 즐겁지 않은 일도 자신의 것으로 받아들였다. 모든 행위는 마음이 주인이 되어 명령을 내리면 행동으로 나타나게 된다. 마음이 내키지 않으면 행동으로 실천하지 않는다.

나는 스트레스를 받으면서도 일을 했다. 나는 사람들이 자신이 최고라는 말에 호응하지 못했다. 몸과 마음이 힘이 들어 자존감도 낮아졌다. 힘든 시간을 보내면서 나에게 찾아온 즐거운 일은 전통놀이다.

전통놀이는 재미와 즐거움을 안겨주었다. 강의가 부담이 되지 않았다. 마음이 즐거우니 일상이 즐거워졌다. 즐거운 마음은 가족을 대하는 태도가 달라지게 해주었다. 밖에서는 밝은 사람으로 남들에게 비쳐졌지만, 집에서는 피곤하여 신경질적인 말투를 쓰던 내가 즐거운 마음을 찾게 되면서 목소리도 밝은 톤으로 바뀌었다. 힘들고 지친 나에게 와준 전통놀이는 나 자신을 사랑하게 했다. 마음의 여유로움은 나를 사랑하는 법을 나에게 안겨주었다. 이제는 한결같이 즐거운 마음으로 일을 한다.

나를 사랑하면서 다른 사람들을 더욱 사랑하게 되었다. 내 주변에는 나를 챙겨주는 사람들이 많다. 늘 힘들어 지쳐 있는 나를 위로해주었다. 나를 사랑해주는 사람들 덕분에 힘을 얻었다. 지친 나를 위로해준 고마운 사람들이었다. 그들 덕분에 건강에 신경을 쓰게 되었다.

전통놀이는 재미와 즐거움으로 나의 피로를 날려주었다. 즐거움을 함께 나누며 좋은 사람들과 좋은 곳에서 전통놀이를 함께하니 어찌 즐겁지 아니할까? 즐거움은 전이가 되었다. 전통놀이는 사람들에게 즐거움을 주었고 그와 더불어 나를 사랑하게 해주었다. 서로 감사의 마음을 나누었다.

전통놀이에 더 관심을 가지고 전통놀이를 섭렵했다. 처음에는 활동적인 전통놀이를 배제했다가 활동적인 놀이를 함께 하고부터는 놀이의 재미는 배가 되었다. 여러 가지 놀이 중, 고누놀이, 승경도, 쌍륙놀이, 장명루 등의 정적인 놀이에서 무궁화 꽃이 피었습니다, 달팽이 놀이, 사방치기, 비사(석)치기, 고무신 던지기, 굴렁쇠 놀이 등 다양한 동적인 놀이를 하면서 놀이의 재미는 배가 되었다. 승경도, 쌍륙놀이 등이 재미가 없다는 것은 아니다. 그 놀이도 재미있어서 하다 보면 놀이에 빠져 시간 가는 줄 모른다. 나는 골고루 섞어서 놀이를 한다. 동적인 놀이와 정적인 놀이의 조합은 놀이를 끌고 가는 강사에게 달렸다.

내가 좋아하는 일로 나를 찾고부터는 나를 존중해주고 나를 더 사랑하고 싶어졌다. 일을 마치고 나를 더 안아주었다.

'오늘도 애썼다. 대견하다. 채애현 정말 잘했어! 수고했다!'

나를 위로하며 나를 사랑하는 말을 하면서 전통놀이로 나를 사랑하게 되었다. 전통놀이로 나를 찾게 되면서 넓은 마음을 갖게 되었다. 가르치는 일에서 나누는 삶을 살고 싶어졌다. 나처럼 힘들고 지친 사람들에게 놀이로 다가가 위안을 주고 싶다. 함께 웃고 즐기면서 다양한 전통놀이로 아름다운 미소를 전하고 싶다. 모두가 행복한 일상을 보내도록 전통놀이를 공유하고 싶다.

5 장

나는
전통놀이를 만나고
꿈이 생겼다

01

전통놀이를 만나고 꿈이 생겼다

나의 어릴 적 꿈은 선생님이었다. 어느 때는 간호사도 되고 싶었다. 고등학교 옆 짝꿍의 집은 부자였다. 나는 부자가 되고 싶었다. 나는 노래 부르는 것도 좋아했다. 중학교 때는 합창단을 했다. 어른이 되어서는 시립합창단에 들어가고 싶었다. 이처럼 나는 성인이 되어서도 하고 싶은 일이 있었다. 나의 꿈은 늘 바뀌었다. 꿈은 변한다고 했는데 정말 자주 바뀐다. 나는 가르치는 것을 좋아해 어릴 때 꿈인 학교 선생님은 아니지만 강사라는 직업을 갖고 있다. 강사를 하면서도 배움은 끝이 없었다. 비전 강의를 배우면서 나는 글로벌 강사가 되고 싶었다. 나는 내성적인 성격이라 무엇을 할 때는 자신과 싸운다. 강의를 하면서 자신감이 생겼다. 원래의 성격을 탈피하고자 노력했다. 지나간 시간들을 탈피하고 싶었다.

나는 실력을 쌓고 싶었다. 못하는 강의지만 열심히 준비했다. 나는 다른 강사가 빼먹은 강의 시간을 채워주며 나의 실력을 쌓았다. 나는 명강사라고 하는 것에도 관심이 있었다. 지인의 소개로 나는 상명대학교 평생교육원에서 진행되는 명강사 과정에 들어갔다. 명강사 과정을 수료를 하고 다음 학기에는 정식으로 교수라는 직분을 임명받았다. 주어진 일에 최선을 다하는 것을 보고 진행 교수들의 추천을 받아 주임 교수의 동의를 거쳐 교수가 되었다. 처음이라 미흡했지만 나는 최선을 다해 도움을 드리려고 했다. 교수라는 직분은 나의 자신감을 키워주었다. 대학교 강의에서도 많은 도움이 되었다.

나는 강의에 자신감을 얻어 글로벌 강사의 꿈을 이루기 위해 노력했다. 다문화 이해 강의를 위해 해외 여행을 하면서 그 나라의 문화를 체험하고 강의에 접목시켰다. 실제적인 강의를 전하면서 나는 전통놀이에도 재미를 느꼈다. 처음에는 한국 문화, 한복을 가지고 해외에 나가고 싶었다. 이제는 더 구체적인 꿈이 생겼다. 한복도 알리면서 우리의 전통놀이를 같이 하는 비전을 품고 있다.

나는 꿈을 실현하기 위해 내국인뿐만 아니라 외국인을 대상으로 남산 한옥 마을에서 전통놀이를 하고 있다. 여기에 그치지 않고 현재는 많은 사람들과 전통놀이로 만난다. 이제는 현실이 되어 해외에서도 함께 전통놀이를 했다.

내 주변에는 전통놀이를 하는 사람들이 많다. 나는 그들의 강의를 들으면서 나도 나만의 특색 있는 강의를 하고 싶었다. 나는 강의 자료를 외우면 강의가 잘 되지 않는다. 그래서 내가 아는 것으로 우선 나 자신을 이해하게 하고 사례를 찾아 놀이를 했다. 처음에는 내 스타일에 맞는 정적인 놀이를 주로 했다. 복장은 한국 문화를 알린다는 생각에 한복 스타일을 고집했다. 사람들은 한복을 입은 나의 이미지에 먼저 취했다고 한다. 두 번째는 강의에 빠져들었다고 한다. 스토리가 있는 강의가 재미있다며 감명을 받았다고 한다.

이제는 나도 생각을 바꾸었다. 처음에는 강사들이 하는 모습을 보고 나도 따라 했다. 그런데 그런 나에게 어색함을 느껴졌다. 나는 나에게 맞는 강의를 찾아야 했다. 뷔페에는 여러 가지의 음식들이 차려져 있다. 그런데 뷔페의 반찬이 여러 가지라도 각자의 입맛에 맞는 것이 있다. 나는 많은 사람들의 입맛에 맞는 강의가 되도록 양념을 했다. 전통놀이를 하면서 양념의 살을 붙였다. 전통놀이를 마치고 나도 모르는 질문이 나올 수도 있다. 예전에는 모르는 것이 있으면 부끄럽다는 생각이 들었다. 모르는 것이 나오면 쥐구멍에라도 들어가고 싶었다. 이제는 대범함이 생겼다. 나는 로봇이 아니다. 나도 잘 하는 것도 있겠지만 모르는 부분도 있다. 모르는 것은 창피한 것이 아니다. 나도 사람인지라 기억하지 못하는 것도 있고 모르는 것도 있다. 모르면 모른다고 솔직히 이야기하고 다시 알아서 가르쳐준다. 모르는 것을 숨기고 아는 체하는 것이 더 나쁘다고 생각한다. 내려놓고 편하게 진행을 하니 예전보다는 더 강의가 편해졌다. 모두 선배 강사들과 은사님들 덕분이다.

우리나라 전통놀이는 누구나 쉽게 배울 수 있다. 나는 잊혀가는 전통놀이를 다양한 계층의 사람들에게 전하고 싶다. 학생들에게는 인성 지도에 도움을 주고 싶다. 성인들에게는 직업과 연결할 수 있도록 가르친다. 가족과 주변에 봉사로 시간을 보낼 수 있도록 추억을 만들어주기도 한다. 어르신들에게는 재미있고 건강을 위한 강의가 되돌고 살뜰히 챙긴다. 이제는 외국인들도 나의 고객이다. 그들에게는 한국의 전통놀이와 모국 또는 다른 나라의 전통놀이를 같이 풀어가면서 재미와 흥미를 함께 맛보도록 한다. 더 다양한 전통놀이를 배우고 알리는 계기로 삼았다. 나는 서울대학교에도 전통놀이를 알리고 싶다. 서울대학교에는 수재들만 모였다. 오로지 책과 씨름하며 보내는 그들이 불쌍하게 여겨진다. 머리를 식히는 시간에 전통놀이를 하며 재미있고 즐거운 학창 시절을 보냈으면 하는 바람이다.

나는 한국 문화를 알리는 것이 체질인 듯 몸에 맞다. 우리가 옷을 입었을 때 몸에 맞지 않으면 어색하듯이 강의도 마찬가지이다. 여러 강의 중 한국 문화를 알리는 전통놀이는 내 옷을 입은 것 같다. 옷을 입으면 나에게 맞는 옷을 찾아 골라 입듯이 나에게 어울리는 옷을 찾았다. 우리의 전통놀이를 몸에 맞게 잘 풀어보려고 노력한다.

전통놀이는 쉽고 재미있게 배울 수 있다. 내가 즐겁지 않은 상황에서 즐거움을 찾은 전통놀이는 행복한 일상을 만들 수 있다는 생각이 들었다. 잊혀져가는 전통놀이를 많이 찾지 않아서 안타깝기도 했다. 바쁘고 힘든 일상에 행복한 시간을 주고 싶었다. 무엇보다 내가 놀이를 해보니 즐거웠다. 옛날 생각도 아른아른거렸다. 많은 사람들에게 어린 시절의 추억을 돌려주고 싶은 생각이 들었다. 무엇보다 어렵지 않고 재미가 있어 쉽게 받아들일 것 같았다. 나는 글로벌 강사의 꿈을 갖고 있었는데 나의 꿈과 일치했다. 나는 전통놀이를 하며 한국 문화를 외국인과 한인 동포들에게 전하고 싶었다. 타국에서 한국을 그리워하는 마음을 나는 짧게 이주민 생활을 하면서 느꼈다. 한인 동포들과 어릴 적 놀았던 놀이를 추억하며 신나게 놀고 싶었다. 우리나라의 전통놀이는 다른 나라의 놀이와 명칭만 다를 뿐 놀이 방법이 비슷하다는 것을 알았다. 그들은 자국의 전통놀이 방법을 알고 있었다. 놀이 방법을 알기 때문에 쉽게 참여하여 함께 놀이할 수 있는 장점이 있었다.

유아들이나 초등학교 젊은 선생님들 중에는 우리나라의 전통놀이를 모르는 선생님들이 많이 계신다. 현실을 알고 매우 안타깝게 생각했다. 입시 위주의 공부 방법 때문이다. 좋은 대학에 들어가기 위한 입시 경쟁의 결과이기도 하다.

나는 공부만 잘하는 사람보다는 인성이 바른 사람이 좋다. 나는 평소에 두 딸들에게도 늘 말했다. "엄마는 공부 잘하는 사람보다 사람 구실을 하는 사람이 좋다. 공부 아무리 잘해도 위아래도 모르고 혼자 잘난 맛에 사는 사람은 싫다. 공부는 못해도 사람다운 행동을 하는 사람이 되어야 한다"고 가르쳤다.

요즘 대중교통을 이용하다 보면 어른을 공경하지 않는 사람들을 많이 보게 된다. 인성의 부재로 나타나는 현상이다. 살맛 나는 세상이 되도록 내가 앞장선다. 아이들에게 전통놀이를 즐길 수 있도록 선생님들이 먼저 배워야 한다. 선생님들이 알아야 아이들이 전통놀이를 많이 활용하며 즐겨 놀 수 있다. 일반인들은 일상의 피로를 전통놀이로 풀 수 있다.

나는 전통놀이를 통해 나의 목표를 설정하게 되었다. 전통놀이를 함께 나누면서 힘든 사람들에게 용기를 전할 수 있다. 힘든 일상에서 벗어나 행복한 일상을 사는 나의 변화된 현재의 삶을 알리고 싶다. 전통놀이를 함께 즐기면서 전통놀이에 호감을 갖게 하고 자신이 원하는 꿈을 가질 수 있도록 도움을 주어 전통놀이의 힘을 전하고 싶다. 자신에게 어울리는 일을 찾아 진정한 너 자신이 되라고 조언을 해주고 싶다. 인간은 매 순간, 매일 지속해서 변화와 성장을 거듭해간다. 결국은 자신부터 변해야 한다. 그래야 우리가 소망하는 것들을 이루고 꿈을 실현할 수 있다. 전통놀이와의 만남을 통해 또 다른 세상을 맛볼 준비를 하면 된다. 탁월한 선택과 집중을 하라. 전통놀이는 주변 사람들에게 즐거움을 주는 감동의 드라마를 펼쳐준다.

02

나의 꿈은 전통놀이 강사이다!

사람들은 어릴 때 누구나 꿈을 꾼다. 나도 어릴 때 꿈이 있었다. 나는 선생님이 되고 싶었고, 부자도 되고 싶었다. 나는 약국을 하는 작은아버지의 집이 부러웠다. 우리 집 화장실은 재래식 화장실이었다. 작은아버지의 집 화장실은 양변기와 욕조가 놓여 있어 깨끗했다. 거실에는 피아노도 있었다. 심지어 집에서 일하는 아주머니도 있었다. 넓은 집은 우리 시골의 집과는 비교가 되지 않았다. 작은아버지의 집은 나의 로망이었다. 나도 크면 이런 좋은 집에서 살고 싶다는 생각을 하며 지냈다.

명절이 되면 작은아버지는 용돈도 주셨다. 명절에는 많은 친척들이 모였다. 그중에 대구에서 대기업에 다닌다는 큰집 오빠는 늘 정장 차림의 신사였다. 오빠를 보면서 도시 생활을 꿈꾸었다. 고등학교를 졸업하고 좋은 곳에 취업하고 싶다는 생각이 내 마음에 자리잡고 있었다. 나는 잘 사는 친척들을 보면서 나도 빨리 어른이 되어서 성공하고 싶다는 생각이 들었다.

나는 주변 사람들을 보면서 부자를 꿈꾸었다. 학교의 선생님을 보면서 선생님도 되고 싶었다. 나는 머리가 좋지 않다. 공부는 더욱 내 취미가 아니었다. 그런데 내 주변 친구들은 모두 공부를 잘했다. 공부 잘하는 친구들이 부러웠다. 공부에 취미가 없으니 시골에서 친구들과 놀기만 했다. 방학 숙제도 끝나기 전에 몰아서 했다. 만들기 숙제는 괜찮았지만 일기 쓰기 숙제는 제 날짜에 쓰지를 않고 미루다 보니 날씨를 몰라 대충 적은 기억이 있다. 그때는 힘들었지만 지금은 웃음이 난다. '날씨라도 기록해둘 걸!' 하는 아쉬움이 들었다. 그래서 나는 미루는 것을 싫어한다. 그럼에도 불구하고 간간이 일을 미루는 성격이 나오고 있다. 지금 생각하면 추억이 되었다.

나는 열심히 공부도 안 하고 놀면서 부자, 선생님 등의 꿈을 꾸고 있었다. 나는 하나님께서 사람들에게 주신 아름다운 선물이라고 생각한다. 어린 시절에는 꿈을 많이 꾼다. 학교에서는 장래희망을 많이 쓴 기억이 난다. 언제부턴가 나의 꿈은 사라지고 일로 바쁜 시간을 보내게 되었다.

나는 석사 과정을 마치고 비전 꿈 대학에서 비전, 꿈 강의를 듣고 직접 강의도 했다. 그때 배운 것이 성인들과 특히 청소년들의 진로 수업에 많은 도움이 되었다. 나는 성인들이 꿈을 생각하지 않는 것을 그때 알았다. 어린 친구들에게 질문을 하면 되고 싶은 것을 명확히 말한다. 학년이 올라가고 나이가 들수록 특히 성인일수록 꿈이 없었다. 언제 생각했는지 기억이 안 난다고 했다. 어른들도 꿈이 있다. 그러나 가족들을 위해 일터에서 꿈을 잊은 채 생활하다 보니 자신의 꿈이 무엇인지도 모르고 계셨다. 많은 분들로부터 자신이 좋아하는 일, 하고 싶은 일을 들으면서 그들의 비전을 완성시키는 데 도움을 드렸다.

그때 나의 비전은 글로벌 나눔 리더였다. 꿈을 기록할 때도 100억 자산가라고 했다. 나의 목표로 55세 50억 자산가와 전통놀이의 1인자라고 적었다. 나의 비전과 꿈을 향해 달려왔다. 이제는 전통놀이 메신저로 부자가 되는 꿈을 꾸고 있다. 나는 내 꿈을 이루는 상상을 했다. 여행 가방을 끌고 공항을 들어가는 생각도 하며 글로벌 강사의 꿈을 그렸다. 긍정적인 생각과 감사한 생각을 가지며 살아간다.

여러분도 행복한 여정에 여러분의 꿈을 실현해보자. 꿈은 야망을 불러일으킨다. 꿈은 일상을 행복으로 몰고간다. 나처럼 재미있고 행복한 시간을 보낼 수 있다.

성공하는 사람들은 일상에서 꿈을 생각하고 꿈을 성취하기 위해 도전한다. 한국 사람으로 유엔 사무총장을 지낸 반기문은 고등학교 시절 백악관에 초청을 받아 간 적이 있다. 여러 나라에서 온 학생들과 견학을 마치고 미국 대통령의 연설을 듣기 위해 자리에 앉았다. 환영 연설을 마친 대통령은 연단을 내려와 학생들과 악수를 했다. 반기문 사무총장의 차례가 되었다. 그때 미국 대통령인 카네기가 질문을 했다.

"자네는 꿈이 무언가?"

그는 미국 대통령의 질문에 한마디의 망설임도 없이 당당하게 말을 했다고 한다.

"저는 외교관이 꿈입니다."

그는 4학년 때부터 그의 꿈이 외교부 장관이라고 하였다. 그는 일찍부터 외교관이 되는 꿈을 간직하고 생활했기에 유엔 사무총장의 자리에 있었지 않았을까 생각한다.

나는 어떤 일이든 목표를 정하면 끝이 보이기까지 늘어지는 스타일이다. 한번 마음먹은 것은 끝까지 밀어붙인다. 시간이 걸려도 목표를 정하고 끝을 보는 스타일이다. 나는 끈질긴 근성으로 한 우물을 파기 시작했다. 꿈을 이루기 위해 때로는 뒤로 물러섰다가 나갈 줄도 안다. 나는 한국 문화와 전통놀이의 매력에 취했다. 결혼 이주 여성들과의 만남을 통해 더 넓은 세계로 나가는 꿈도 생겼다. 한국 문화를 국내외 많은 사람들과 나누고 싶다. 멋진 사람이 되는 나의 꿈도 이루고 다른 이들과 전통놀이 문화의 훌륭한 가치를 공유함으로써 '윈윈 '할 것이다.

나는 전통놀이 연구에 매진할 생각이다. 많은 사람들에게 전통놀이를 보급하는 것은 전통놀이 문화를 계승시키고 발전하는 데 많은 도움이 된다. 나는 어릴 때부터 간직했던 가르치는 사람이 되는 그 꿈을 현재 이루었다고 본다. 하지만 아직 갈 길은 멀다. 더 노력해야 한다.

전통놀이는 말솜씨가 없어도 재미있게 놀면 된다. 얼마나 감사한 일인가? 전통놀이에 관심을 가지는 사람들은 소통이 된다. 전통놀이에 재미를 붙이니 자연스럽게 빠져들게 된다. 전통놀이를 통해 놀이의 방법도 더 고민해본다. 선배 민속학자들의 연구도 찾아보며 관심을 가진다. 민속학도인 나는 나와 궁합이 잘 맞는 '전통놀이 강사'라는 직업을 꿈으로 선택하길 잘한 것 같다.

전통놀이는 나에게 망신을 주지 않는다. 남의 뜻대로 나를 바꾸는 것은 바보짓이다. 나는 사람들에게 나의 감정을 잘 숨기지 못한다. 나는 솔직한 심정을 털어놓는다. 그동안 숨어 있던 끼를 전통놀이에서 마음껏 발휘해본다.

나는 해외에서 강의할 시간을 고대한다. 나는 평소에 원하던 여행을 기대해 본다. 이제는 적극적인 모습으로 당당하게 성장해갈 것이다. 낮춤은 겸허히 받아들이는 것이다. 나를 낮추고 전통놀이가 끼치는 영향력을 다른 이들에게 전파하는 사람이 되고자 한다. 많은 사람들이 대학을 나와도 취업의 문이 좁다고 한다. 전통놀이를 통해 나는 나의 약점이 강점으로 바꾸었다. 전통놀이에 관심을 보여 주는 사람들이 있다면 그들에게 언제라도 애정을 갖고 도움을 드릴 것이다.

03

마음만 바꾸어도 인생은 달라진다

마음의 즐거움이 양약이다. 나는 남편과 사이가 좋았다. 그런데 무심코 던진 나의 말투 때문에 좋던 사이도 차가운 얼음판이 되기도 했다. 무심코 던진 나의 짜증 나는 말에 남편의 충고가 이어진다. 나는 마음이 모난 것 같다. 나는 마음과 말투를 고쳐야겠다는 생각을 했다. 그런데 기분이 나쁘거나 스트레스 받는 일이 생기면 나의 마음은 달라진다. 나는 남편에게 하는 말대꾸부터 악마가 조종하는 혀를 빌어 퉁명스럽게 하게 된다. 가만히 있으면 좋으련만 입이 나를 가만히 두지 않는다. 나는 어린아이 같았다. 어른답지 못한 행동에 나도 반성하게 된다.

나는 평상시 말을 많이 하지 않는다. 나는 하고 싶은 말도 혼자 가슴으로 삼킨다. 남편과 간간이 주고받는 대화에서조차도 마음의 상처를 받아 이야기하는 것을 꺼려할 때가 있었다. 나는 남편 앞에서 작아졌다. 나는 늘 아픔을 터놓지 못하고 살았다. 가족이나 다른 사람들이 내 마음을 이해해주길 바랐다. 지금 생각하면 남편도 나 때문에 마음에 골병이 들었을 것 같다. 나는 애써 지적당하지 않으려 노력했다. 나는 항상 겸손하고 노력하는 사람이 되어야겠다고 생각했다. 이제는 마음을 바꾸어 변화된 나를 찾은 삶을 살아가고 있다.

내 친척 중에는 젊은 나이에 가족을 두고 일찍 천국에 간 사람이 있다. 그분은 서울에서 직장생활을 했다. 어릴 때 그분은 다정다감하지 못한 부모 밑에서 맏이로 자라면서 마음고생을 많이 했다고 한다. 그분의 가족은 그가 가족과 지내면서 받은 마음의 상처가 병으로 왔다고 말했다.

한국에는 '한'이라는 말이 있다. '한'은 혼자서 마음 앓이를 하는 것으로 사전적 의미는 '억울하고 원통한 일이 풀리지 못하고 응어리져 맺힌 마음의 상태를 지칭'하는 말이다. 마음에 맺힌 억울한 일이나 화나는 일로 복수심과는 다르다. 사람들은 살아가면서 가족이나 주변 사람들에게 마음을 터놓지 못하고 속앓이를 한다. 그것이 '한'으로 남기도 했다.

나도 한때는 속앓이를 많이 했다. 이제는 변화된 삶을 살아간다. 즐거운 마음을 가지니 말투도 달라졌다. 좋은 마음을 가지면 역경도 사라진다. 좋은 마음은 좋게 바뀐 결과를 가져온다. 반대로 짜증을 마음에 품으면 늘 불평을 호소하게 된다. 짜증으로 얼굴에 심술이 붙어 있으면 잘 될 일도 안 된다. 얼굴은 우리가 살아온 생각이나 행동 방식의 종합 선물이다. 얼굴은 우리에게 책임감을 지게 한다. 좋은 마음은 역경도 물리쳐 성공으로 이끈다. 좋은 마음을 가지면 인상도 온화하다. 나는 나의 얼굴을 책임을 지려고 노력한다.

인향만리라고 했는가? 나무 중에는 천리향과 만리향이 있다. 꽃향기가 만 리, 천 리를 간다 해서 이름이 그렇게 붙여졌다. 이 나무는 중국이 원산지이다. 천리향의 나무 이름은 서향나무이다. 서향나무는 좋은 향이라는 뜻에서 유래되었다. 별명으로 천리향이라고 한다. 친정엄마는 꽃을 좋아한다. 엄마는 화분에 서향나무를 키웠다. 지금은 화단에 서향나무가 자리를 잡고 있다. 서향나무는 향기로운 냄새를 풍긴다. 나는 서향나무의 꽃 냄새를 좋아한다. 사람마다 좋아하는 냄새가 있다. 나는 서향나무처럼 은은한 향기가 났으면 한다. 서향나무에 피는 꽃은 꽃송이가 앙증스럽다. 작은 꽃들이 모여 꽃다발을 이룬다.

화향백리(花香白狸), 주향천리(酒香千里), 인향만리(人香萬里)라는 사자성어가 있다. '꽃의 향기는 백 리를 가고, 술의 향기는 천 리를 가고, 사람의 향기는 만 리를 간다'는 뜻이다. 꽃과 술의 향기도 멀리 가지만 인품이 좋은 사람의 향기는 만 리를 간다고 했다. 이처럼 사람과의 인연을 소중히 여기라는 의미다. 향기가 나는 사람은 다른 사람들로부터 사랑과 존경을 받는 사람이라는 의미와 일맥상통할 수 있다. 향기가 나는 사람의 인품에는 배려와 사랑이 담겨 있다. 나는 성실히 배우며 겸손한 자세로 인향만리를 새기며 오늘도 한 걸음씩 걸어간다.

나는 예쁜 꽃을 보면 사진 찍는 버릇이 생겼다. 꽃을 보고 사진을 찍는 나를 보며 큰아이가 말한다.

"엄마들은 꽃 사진을 많이 찍는데, 꽃 사진을 많이 찍으면 늙어간다는 말도 있대."

나는 큰아이의 말을 듣고 '나도 늙어가는구나!' 라는 생각이 들었다. 나는 그 이후 예쁜 꽃을 봐도 사진을 잘 찍지 않는다. 눈으로 대신 사진을 찍는다. 예쁜 꽃은 인상을 펴게 한다. 예쁜 꽃을 보면 눈과 입꼬리가 올라간다.

꽃에는 좋은 인상을 만들어주는 묘약이 있다. 예쁜 꽃은 사람을 젊게 만든다. 밝은 얼굴을 만들어 이미지를 예쁘게 만든다는 생각이 그러한 결과를 낳았다. 나의 마음은 밝은 내면을 보고 싶었다. 나는 밝은 마음을 지니고 좋은 일이 생길 것이라 기대했다. 나의 자존감 회복에 큰 도움이 되었다. 나는 축복받으며 산다고 믿었다. 믿음은 행복으로 이어졌다.

내 주변에는 가족들과 마음이 서로 맞지 않아 힘들었다는 사람들이 있다. 나도 한때는 남편과 소통의 부재로 힘든 시간을 보냈다. 자신이 변하면 모두가 변한다는 생각으로 참고 지내는 사람들이 많다. 실제로 한 사람의 마음을 바꾸니 모든 것이 변했다.

큰언니는 형부와의 관계가 좋지 않았다. 집을 구해 독립된 공간에서 생활을 하려고 할 만큼 힘들어했다. 그런데 큰언니는 형부를 이해하고 생각을 바꿨다. 그렇게 힘들어하던 언니는 마음을 바꾸니 지금은 편하다고 한다.

나도 한때는 반복되는 일상에서 변화를 주고 싶었다. 나는 하는 일들이 잘 되지 않아 어수선한 마음을 잡지 못했다. 나는 기독교인이다. 나는 기독교인이지만 주일에 일이 있으면 교회에서 주일예배를 드리지 않았다. 나는 주일에도 대예배만 참석할 정도로 덜 성실한 종교인으로 살았다.

어느 날 지인이 이름을 개명했다. 나도 개명을 하고 싶었다. 지인에게 부탁하여 개명한 이름도 받았다. 개명한 이름을 받으니 기분도 좋았다. 뭔가 잘될 것 같았다. 나는 개명한 이름을 불러보다가 어색한 생각이 들었다. 결국에는 부모님이 지어주신 이름 채애현이 좋아 개명한 이름을 사용하지 않는다. 모든 것은 마음먹기에 달렸다.

인간은 생각에 따라 행동한다. 생각을 바꾼다는 것은 마음가짐을 바꾼다는 것이다. 나는 전통놀이를 하면서 마음이 바뀌었다. 즐거운 마음으로 일상의 마음 날씨는 밝음으로 변했다. 바꿀 수 있는 것에 주목하라. 바꿀 수 있는 '용기'면 된다. 나는 내가 좋아하는 일을 하면서 마음이 밝게 변했다. 나는 초보 강사 때와는 다르게 자신을 신뢰하고 나를 수용한다. 나의 꿈과 소망은 이루어진다. 소망하는 일을 상상하면 현실이 된다. 나는 생각을 바꾸고 행복한 삶을 산다.

남편은 내가 하는 전통놀이에 많은 도움을 준다. 강의를 마치고 돌아오는 길에는 나에게 강의에 대한 피드백을 해주었다. 처음에는 남편의 날카로운 피드백이 비수를 꽂듯 나를 더 지치게 했다. 그런데 언제부턴가 나는 강의를 마치고 남편에게 감사하다는 말을 한다. 처음에는 남편에게 감사하다는 말은 하지 않았다. 이제는 마음에서 감사가 생겨 저절로 나온다. 내가 긍정적인 마음을 가지고 남편을 대하니 남편과 동행도 즐겁다. 힘들고 지친 일상에서 내가 마음만 바꾸었을 뿐인데 일이 즐겁다. 다툼은 멈춰졌다. 아름다운 관계로 평안을 얻으니 일상이 행복하다.

어느 날 친정엄마와 큰언니가 오랜만에 우리 집에 왔다. 오랜만에 우리 집에 왔다는 소식을 친척에게 알렸다. 숙모와 큰집 언니가 시골에서 올라온 엄마를 뵈러 우리 집에 왔다. 어른들은 오랜만에 만나서 이야기가 무르익었다. 밤 10시가 넘어도 이야기는 끝을 맺지 못했다. 숙모와 함께 온 사촌은 아들을 데리고 왔다. 아이는 기다리는 동안 전화기 게임을 했다. 어른들의 이야기는 길어졌다. 아이는 시간이 지남에 따라 짜증을 부렸다. 나는 아이와 빙고 게임과 삼각 딱지를 접어서 놀았다. 집에 가자고 하던 아이에게서 잠시 동안 집에 가자는 말이 들어갔다.

나는 전통놀이를 같이 하며 지루해 하는 아이의 마음을 바꾸려 했다. 아이는 삼각딱지를 접어 재미있게 놀았다. 몇 번을 반복해도 신나게 놀았다. 놀이는 짜증 나는 아이의 마음도 바꾼다.

전통놀이는 융통성을 발휘한다. 발상의 전환을 한다면 저 자신을 가로막고 있는 장애물도 넘을 수 있다. 지금 처한 상황을 다른 사람들과 비교하기 때문에 더 어렵고 힘들고 고통스러워진다.

세잎클로버의 꽃말은 행복이다. 네잎클로버는 행운을 뜻한다. 행운의 네잎클로버를 찾으려 애쓰다 보면 주위에서 쉽게 찾을 수 있는 행복의 세잎클로버를 소중히 여기지 못한다. 마음을 바꾸면 세잎클로버의 행복이 보인다. 욕심을 버리면 비워진다. 버림은 채움을 의미한다. 누군가는 마음처럼 쉽지 않다는 반문도 할 것이다. 한 발짝 뒤로 물러서는 용기가 필요하다. 용기는 마음만 바꾸면 된다. 생각도 행동도 마음에서 생긴다.

마음을 바꾸면 세상이 다르게 보인다. 짜증은 행복으로 변한다. 자신을 사랑하고 격려하며 나 자신을 단련시키자. 나도 한때는 힘들었다. 이제는 변화된 삶이 행복하다. 나의 뒤에 서 있는 든든한 후원자, 전통놀이 덕분이다. 사랑하는 사람과 함께 전통놀이로 동행하는 삶을 산다. 마음을 바꾸면 인생이 달라진다. 즐거운 삶을 살아가도록 함께 나누며 서로에게 도움을 줄 수 있다.

04

전통놀이와의 만남은 행운이었다

나는 평소에 경제적으로 풍요롭고 자유로운 인생을 꿈꾸었다. 나는 책도 부에 관련된 것을 골라 읽었다. 『100억 부자의 생각의 비밀』, 『150억 부자의 부의 추월차선』의 저자 김태광 작가, 『목표 그 성취의 기술』, 『백만 불짜리 습관』의 저자 브라이언 트레이시 작가, 『부자들은 왜 장지갑을 쓸까』의 저자 카메타 준이치로 작가, 『아무도 가르쳐주지 않는 부의 비밀』의 저자 오리슨 S. 마든 작가, 『돈의 속성』, 『생각의 비밀』의 저자 김승호 작가, 『꿈꾸는 다락방』의 저자 이지성 작가, 『청소력』의 저자 마쓰다 미쓰히로 작가, 『하루 5분의 공상은 현실이 된다』의 저자 이시다 히사쓰

구 작가, 『시크릿』의 저자 론다 번 작가, 『고품격 삶을 즐겨라』의 역자 신현호 작가, 『힐러리처럼 일하고 콘디처럼 승리하라』의 저자 강인선 작가, 『한 덩이 고기도 루이비통처럼 팔아라』의 저자 이동철 작가, 『퍼스트 클래스 승객은 펜을 빌리지 않는다』의 저자 미즈키 아키코 작가 등의 책을 읽으면서 책의 내용을 통해 영감을 받았다.

『왕의 재정』의 저자 김미진 작가는 "돈의 노예가 되지 말고 돈을 노예로 다스려라"고 했다. 『지금의 조건에서 성공하는 법칙』의 저자 차정혁은 "절대로 돈을 위해서 일하지 말라, 부자들은 돈을 위해 일하지 않고 배움을 위해 일한다."라고 했다. 그는 부자들은 돈이 부의 일부라고 했다. 행복한 마음, 감사하는 마음, 배려하는 마음, 봉사 정신, 소소한 경험의 깨달음을 '부'라고 했다. 『100억 부자의 생각의 비밀』의 저자 김태광 작가는 우주의 법칙, 끌어당김의 법칙을 강조했다. 『아무도 가르쳐주지 않는 부의 비밀』의 저자 오리슨 S. 마든 작가는 "항상 긍정적이고 낙관적인 태도를 강조하며, 행동이나 노력보다 바른 생각이 중요하다"고 했다. 많은 부자들이 끌어당김의 법칙, 상상의 힘을 안다. 그런데 나는 돈을 쫓아 다녔다. 나는 돈의 노예로 일을 했다. 몸은 힘이 들었고 돈은 불어나지 않았다. 나는 책을 통해 부에 대한 생각을 전환했다. 부의 소신이 만든 값진 결과는 마음의 풍요를 가져왔다. 마음은 비슷한 성질을 끌어당기는 자석과 같다. 가난을 생각하면 가난을, 부자를 생각하면 부자의 생각을 가지게 한다. 마음의 풍요는 일상을 풍요롭게 했다.

더욱 감사한 것은 〈한책협〉의 책 쓰기 과정에서 만난 김태광 멘토는 끌어당김의 법칙, 우주의 법칙을 『초인생활』, 『상상의 힘』, 『초인대사들이 답해주는 삶의 의문에 관한 100문 100답』 등의 책을 통해 알려주었다. 김태광 멘토는 "성공해서 책을 쓰는 것이 아니라 책을 써야 성공한다"고 했다. 〈한책협〉에는 많은 작가들이 있다. 평범한 사람이 책을 써서 작가가 되고 유명해졌다. 나는 책을 쓰고 1인 창업가가 되고 싶었다. 글을 잘 쓰지는 못하지만 전통놀이 책을 써서 반드시 메신저로 성공한다는 신념이 생겼다.

'백문이불여일견'이라는 속담이 있다. '백 번 듣는 것보다 한 번 보는 것이 낫다'는 말이다. 나는 내가 보고 듣는 것보다 직접 한 번 해보는 것이 더 낫다고 생각했다. 직접 전통놀이를 가르치면서 소통하는 일이 즐겁고 재미가 있어 행복하다는 생각은 나를 부자로 만들었다. 더 이상 돈을 쫓아가지 않아도 마음이 가난하지 않고 부자 같은 마음이 들었다.

나는 나에게 맞는 일을 하면서 자신의 가치를 높이고 싶었다. 답은 나에게 있음을 알았다. 그동안 나는 그 답을 찾기 위해 나침반이 없는 배를 타고 항해했다. 나침판이 없는 배는 항로를 찾아 둘러가야 한다. 나는 길을 찾아 헤매는 것처럼 목적지를 찾아오는 데 시간이 걸렸다. 나는 전통놀이라는 목적지를 찾았다. 이제는 먼길로 돌아가지 않고 직진 코스로 빨리 갈 수 있다. 내가 좋아 하는 일, 전통놀이를 나와 같이 전통놀이를 좋아하는 사람들과 함께하고 싶다. 전통놀이와의 만남은 나에게 값진 결과이자 행운이 되었다.

나는 캐나다 여행을 떠올려본다. 나는 캐나다에서 지내다가 버스로 로스앤젤레스에 갔다. 긴 버스의 여정에도 불구하고 피곤함도 몰랐다. 처음으로 가 본 미국이다. 큰아이와 함께 쇼핑도 하며 센트럴 파크에도 놀러 갔다. 나는 센트럴 파크에서 한국의 지인을 만났다. 이국에서 지인을 만나니 고향 사람을 만나는 것처럼 기뻤다. 타국에서 지인을 만날지 상상도 못 한 일이다. 그래서 평소에 사람들과 잘 지내야 된다고 생각했다. 나는 전통놀이가 지인을 만난 것처럼 반갑다. 어릴 때 골목에서 놀던 전통놀이는 배려심, 협동심, 담력도 키워주고 자치기는 거리 감각도 길러준다. 전통놀이는 놀이이면서도 다른 사람들에게 유익함을 준다.

나는 평소에 시간에 쫓겨 늘 시간이 부족하다고 생각했던 것을 반성한다. 전통놀이는 자투리 시간에도 가능하다. 마음을 열고 자유롭고 여유롭게 놀이를 할 수 있다. 전통놀이를 하는 공간은 행복이 넘치는 장소가 되었다. 나는 글로벌 비전 강사로 소망이 실현된 모습을 생생하게 상상한다. 한국 문화 전통놀이는 희망과 용기를 주었다.

누구나 다이아몬드 같은 인생을 꿈꾼다. 미운 오리 새끼 동화를 기억하는가? 미운 오리 새끼는 자신이 백조라는 사실도 모르고 오리들과 같이 생활한다. 어느 날 물속에 비친 자신을 보면서 자신이 오리가 아닌 백조라는 사실을 안다. 사람들은 평소에 거울을 잘 보지 않는다. 거울을 자주 들여다보며 자신을 사랑하자.

우리는 얼마나 위대한 사람인지 알아야 한다. 나는 늘 비뚤어진 마음을 품고 살았다. 나는 모난 돌이었다. 모난 돌도 이처럼 쓰임을 받을 때가 있다. 천천히 걷는 사람이 오래 걷는다. 다이아몬드 같은 인생에 오늘도 좋은 일이 있을 것이라는 믿음을 갖고 걷자. 힘든 오르막길이 있으면 내리막길도 있다. 요청하는 태도를 바꾼다. 감사하는 사고의 틀을 가진다.

내 마음의 생각에 따라 성과도 달라진다. 전통놀이의 진정한 가치를 인정받기까지 시간이 걸린다. 나는 전통놀이를 찾기까지 10년이 걸렸다. 여러분은 한 가지씩 배워라. 욕심을 버리고 한 걸음씩 내딛기를 바란다. 하나씩 배워도 즐거움은 배가 될 수 있다. 전통놀이를 하는 자체가 행복이 될 수 있다.

부를 좋아하는 나는 일을 하면서 부를 누리고 싶었다. 지인의 죽음과 코로나가 나를 철들게 했다. 코로나는 나의 욕심을 내려놓게 했다. 나는 제로부터 시작한다. 부를 쫓아가지 않고 부가 나에게 오도록 한다. 전통놀이는 마음의 부를 가져다주었다. 좁은 마음을 가진 사람이 넓은 마음을 품게 되었다. 누구나 다이아몬드 같은 빛나는 인생을 살아갈 수 있다. 전통놀이의 만남을 통해 넓은 마음을 품고 보석 같은 존재를 찾는 행운을 얻었다.

이제는 보석 같은 나 자신의 존재 가치를 인정하고 넓은 마음을 품고 행복한 시간을 보내면 된다. 모두가 생각하기 나름이다. 긍정적인 마음을 갖자. 코로나와 무더운 여름으로 힘들지만 간간히 시원한 바람이 불어주어 감사하다고 생각하자. 더운 여름 친척이 집에 놀러와도 친척이 내 가족이라고 생각하면 힘들지 않다. 가족은 무조건 주고 나누고 싶은 마음이 들게 하는 존재이기 때문이다.

행운은 멀리 있지 않다. 내가 찾은 작은 행복 안에 고개를 내민다. 나는 평소에 거울을 보며 스마일을 한다. 입꼬리를 올리면 내 얼굴에 웃음꽃이 피어난다. 많이 웃자. 웃을 일이 없어도 거울을 보며 바보 웃음, 헛웃음이라도 짓자. '푸~ 하~'라고.

나에게 전통놀이는 웃음을 주는 보약과 같다. 나는 많은 사람들에게 건강의 치료제로 보약을 먹이고 싶다. 전통놀이가 아니라도 웃음의 보약을 많이 먹고 행복한 시간을 만들기 바란다. 삭막한 세상을 훈훈하게 만드는 데 전통놀이가 함께한다. 인성의 부재가 흔한 시대에 전통놀이를 통해 아이도 어른도 바른 성품을 기를 수 있다. 모두가 건강하고 밝은 세상을 만드는 데 도움을 주고 싶다.

05

전통놀이는 나의 가치를 보여주는 기회였다

나는 평범한 아내이자 엄마로 생활했다. 나는 결혼하기 전까지 늘 배움을 놓지 않았다. 내가 하고 싶은 것은 늘 찾아 했다. 나는 직장을 다니면서 새벽에는 피아노를 배웠다. 친척 집에 있는 피아노를 보면서 나도 피아노가 치고 싶었다. 어릴 때의 마음은 성인이 되어서도 잊지 못해 피아노를 배우게 했다. 피아노를 배우면서 악기 다루고 싶은 욕심은 더해 갔다.

나는 바이올린도 배우고 싶었다. 피아노 학원의 원장님은 한 가지씩 배우라고 했다. 결국 바이올린은 배우지 못했다. 바이올린을 배우고 싶은 마음은 계속 품고 있었다. 결혼하고 어른이 되어서 드디어 바이올린도 개인레슨을 받고 켤 수 있었다. 배우고 싶은 열정은 나를 가로 막지 못했다. 나는 배움을 통해 나를 발견하고 싶었는지도 모른다.

나는 하고 싶은 것, 내가 좋아하는 일을 계속 찾았다. 큰집 언니의 말이 생각난다. "아가씨는 늘 배우는 것을 좋아했어!"라는 말이었다. 나도 배우는 것을 좋아하는 사람이라고 생각했다. 그러나 이면에는 세상에 태어나 이름을 알리고 싶은 마음이 자리하고 있었다. 나의 가치를 발견하고 싶은 것이었다. 내가 하고 싶은 강사의 길을 가면서 전통놀이를 만났다. 전통놀이는 차가운 나의 마음을 녹여주었다. 전통놀이라는 내비게이션을 통해 나는 마음의 항로를 열게 했다. 내가 진정으로 하고 싶은 길을 찾은 것이다.

나의 가치는 배움을 통한 성숙이다. 나는 성취욕이 있다. 나의 가치는 집중하고 폭넓은 경험 속에 풍요로워 진다. 인간은 잠재능력을 가지고 태어난다. 내 인생에서 하고 싶은 가장 중요한 것이 무엇일까? 하고 싶은 것을 발견하고 집중하라.

나는 배움의 방향을 모색하다 전통놀이를 선택했다. 내가 좋아하고 즐거운 것을 찾아 새로운 경험을 즐긴다. 모든 선택의 기준은 나다. 나를 계발하고 나의 가치를 높이고 내게 필요한 것으로 나 자신을 채운다. 마중물이 들어가면 펌프의 물이 잘 나오듯이 배움의 열정이 마중물이 되었다. 배움을 통해 전통놀이는 나를 가치 있는 사람으로 만든다.

전통놀이는 많은 사람들이 재미를 느끼고 즐거워한다. 나는 나만의 스타일로 전통놀이를 가르친다. 전통놀이는 여러 분류가 있다. 그중에 양반놀이를 예로 들어본다. 나는 사람들에게 전생의 신분을 묻는다. '나는 전생에 양반이었을까요? 평민이었을까요?' 그러면 사람들은 자신이 원하는 신분을 말한다. 나는 평민이라고 말하는 사람들에게는 자신을 높이라고 말한다. 양반놀이에 참여한 사람들을 양반으로 만든다. 양반놀이를 하면 사람들의 태도가 달라진다. 사람들의 행동이 천박하지 않도록 만든다. 경박한 말투도 본인이 고친다. 놀이가 끝나도 여운은 계속 남는다. '맞어. 내가 양반이었지!'라며 본인의 행동을 다시 고친다. 이처럼 전통놀이에서 자신의 가치를 발견하게 한다.

나는 전통놀이에서 자존감을 향상시킨다. 평상시에 자존감이 떨어지면 전통놀이를 하라. 전통놀이에서 타인을 존중하면 자연스럽게 나는 높아지게 된다. 전통놀이는 아무리 해도 다툼이 없다. 격하게 진행되는 놀이 과정속에서도 서로 친구들을 배려한다. 놀면서 나의 본래의 모습을 보여준다. 관심없어 하던 놀이에도 진정성 있게 참여하게 된다. 놀이에 집중하게 되고 열린 마음과 열정으로 에너지를 발산하는 좋은 면을 전통놀이에서는 볼 수 있다.

전통놀이는 잘하든 잘하지 못하든 웃음을 주는 시간이 된다. 틀리면 틀리는 대로 웃음을 자아낸다. 일상적인 생활환경에서는 이런 맛을 느끼지 못한다. 학생들은 공부에서 성인들은 직장에서 못하면 칭찬 대신 핀잔을 받는다. 핀잔을 받으면 자존감이 떨어져 공부도, 업무도 능률이 떨어지게 된다. 전통놀이에는 핀잔이 없다. 놀면서 기분은 업되고 자존감은 높아진다. 양반놀이에서 품위를 지키는 행동이 처음은 어색하다. 하지만 바로 양반이 되어 놀이에 휩쓸린다. 전통놀이에는 타인을 배려하면서 나를 높여주는 매력적인 맛이 있다.

나는 평상시 소극적인 자세로 나의 가치를 발견하지 못했다. 소극적인 성향 탓에 발산하고 싶은 끼를 억누르고 있었다. 배움의 열정이 나를 찾게 했다. 나는 자신의 가치를 알지 못한 채 삶을 살았다. 내 삶이 아닌 다른 사람의 삶을 살아가고 있었다. 누구의 엄마로만 살았다. 누구의 엄마이기 전에 나는 한 엄마의 자녀 채애현이었다. 나이가 들어도 자아를 찾고 싶은 마음은 여전히 품고 있었다. 이제는 나와 같은 성향을 가진 사람들에게 내가 찾은 전통놀이로 자신감을 키워주고 싶다. 자존감을 향상시켜서 진정한 자아를 찾게 하고 싶다. 전통놀이로 자신감을 얻고 자신의 가치를 찾아주고 싶다.

전통놀이에 참여하는 시간을 진정한 나를 찾는 시간으로 만들어줄 수 있다. 나와의 갈등은 사라지고 열정과 이해, 관심으로 협력하게 된다. 함께 어울려 풍요로운 삶을 누릴 수 있다. 그러기 위해서는 꼭 전통놀이가 아니라도 된다. 내가 좋아하는 것을 찾아라.

나는 정말 글쓰기를 어려워하면서도 글을 쓰고 있다. 작가는 누구나 될 수 있다. 누구의 엄마보다는 작가님이라는 소리가 더 좋지 않는가? 나는 공저로 책을 내었음에도 처음에는 작가라는 말이 너무나 어색했다. 강사, 교수님이라는 호칭이 더 친근감이 갔다. 그러나 작가라는 직업은 나를 성공의 길로 이끌어준다. 책을 쓰거나 그림을 그려도 상관이 없다. 자신이 좋아하는 일을 찾아 매진하기를 바란다.

나는 전통놀이를 하면서 사람들의 마음을 읽어주는 강사라는 생각이 들어 기분이 흐뭇했다. 집에서 아이들에게 공부를 하라고 잔소리 하던 엄마가 아이들과 같이 논다. 치매 어르신들에게 상냥한 이미지가 좋아서 어르신들이 더 놀고 싶어 한다. 아이들은 너무 재미 있어 "또 언제 와요? 다음에는 무슨 놀이 해요? 다음 시간이 기대돼요."라는 말을 한다. "전화기로 게임을 하지 않아서 좋아요." 가족 친구들에게 배운 것을 실습한다고 한다. 전통놀이는 나만의 놀이가 아니다. 우리 모두의 놀이이다. 누구나 할 수 있다. 전통놀이로 많은 사람들이 행복한 일상을 만들 수 있다.

쉽고 간단한 놀잇감으로 놀 수 있는 전통놀이를 소개한다. 쌩쌩이 놀이는 빙글빙글 돌리며 노는 놀이다. 쌩쌩이 놀이는 실내와 실외 모두 가능하다. 놀이 인원은 1~2명이다.

준비물은 두꺼운 실, 송곳, 가위 등 다양한 재료가 필요하다. 구멍이 2개 있는 단추와 같은 것(두꺼운 종이, 병뚜껑, 단추 등)이 필요한데, 단추는 그냥 쓰고 구멍이 없는 재료는 송곳으로 뚫는다. 구멍을 뚫을 때는 한가운데 뚫어 균형이 잡히도록 한다. 이때 안전에 유의한다.

만드는 방법은 구멍이 2개 있는 단추를 제외하고 두꺼운 종이나 병뚜껑에는 구멍이 2개 필요하다. 2개의 구멍으로 균형을 잡아준다. 균형이 잘 잡히도록 구멍에 실을 끼워 매듭을 짓는다.

놀이 방법은 다음과 같다.

① 실을 2개의 구멍에 끼우고 묶는다.

② 단추나 병뚜껑 같은 구멍 뚫린 것을 실의 가운데 두고 양쪽 끝에 손가락을 끼운다.

③ 실을 같은 방향으로 돌리면 단추가 돌아가면서 실이 감긴다.

④ 실이 어느 정도 감기면 양쪽 끝에 있는 손가락을 당긴다.

⑤ 실을 당겼다 풀었다를 반복하면 쌩쌩 소리가 난다.

⑥ 실이 풀리면서 쌩쌩 소리를 내며 돌아간다.

⑦ 실이 풀리면서 반대로도 돌아가며 소리를 낸다.

⑧ 단추나 여러 가지를 끼워 놀 수 있다.

⑨ 오래 돌리기로 놀이의 승부를 낼 수 있다.

단추가 나오기 전에는 대나무나 다양한 재료를 가지고 놀았다. 간단한 도구를 가지고 놀이를 할 수 있다.

06

인생을 재미있게 살고 싶다면 전통놀이가 답이다

나는 직장을 다니면서 늘 상사의 지시를 받는 삶을 살았다. 강의를 하면서도 나는 일이 있어 감사했지만 나는 끌려가는 삶을 사는 느낌이 들었다. 100세 시대 절반을 살아오면서 나는 강사라는 꿈에 안주하지 못했다. 더 큰 이상이 내 안에 있는 듯했다. 내가 느끼는 불안은 '나는 내가 좋아하는 일을 찾지 못해 남이 하는 일에 끌려다니고 있다.'는 생각에서 비롯되었다. 나는 일에 지쳐갔고 만성적 피로에 시달렸다. 내가 하는 공부는 누가 시켜서 하는 일이 아니었지만 알아가는 과정은 심리적으로 힘이 들었다.

나는 공부 외에 경제적 수입은 내가 하고 싶은 일로 충당하고 싶었다. 나만의 강의를 찾지 못하고 헤매온 지나온 과거는 후회하지 않는다. 지나온 과거는 내 삶의 경험이자 소중한 추억이다. 그러다 만난 전통놀이는 나의 자신감을 부추겼다. 이제부터는 내가 하고 싶은 일을 하며 살 수 있다는 자신감이 생겼다. 이제는 지나온 과거로부터 졸업한다. 내 인생의 주인공은 나라고 다독여 주었다. 지금 이 순간을 즐기고 싶다. 늘 축제 같은 삶을 살고 싶다. 나는 세상을 놀이터로 생각하기로 했다. 삶의 놀이터에서 실제로 전통놀이를 하며 내 삶의 주인공이 되었다.

〈창의전래놀이교육협회〉에서 들었던, 전통놀이 자격증을 갖춘 강사의 말이 생각난다.

"전래놀이! 자격증 하나 취득하면서도 과연 이게 필요할까 생각했다. 잠 안 오는 강의를 연구하다 전래놀이를 응용하게 되었다. 지금은 전래놀이를 다양하게 활용하여 대박을 치고 있다."

이처럼 강사들이 전통놀이를 찾는 이유는 강의를 맛깔나게 하고 싶어서이다. 강의에서 전통놀이를 스팟으로 활용하는 것과 같다. 정신적으로 마음의 감동을 주고 힐링을 시킨다. 누구에게나 전통놀이는 인생을 재미있게 살도록 도움을 줄 수 있다.

미국의 36대 대통령 린든 존슨은 "과거에서 교훈을 얻을 수 있어도 과거 속에 살 수는 없다."라고 했다. 누구나 인생은 소중하다. 나는 보석으로 살고 있다. 원석들이 나의 삶을 바꿀 수 없다. 내가 50이 넘어 인생의 후반부에 삶의 놀이터에서 찾은 전통놀이는 보석이다. 전통놀이를 만나면서 강의에 재미를 느꼈다. 전통놀이는 나를 보석으로 만들어주었다. 전통놀이는 나에게 자신감을 주면서 휴식을 선물해주어 나는 행복을 느끼게 되었다. 전통놀이는 구수한 맛을 알고 먹던 숭늉과 같다. 내가 갈망하던 후반부의 인생은 나를 찾는 행복한 삶으로 채우고 싶었다. 나는 새로운 도전으로 내 삶에 충만한 가치를 느낀다. 나의 강의에서 만난 전통놀이에 대한 새로운 도전은 나의 비어 있던 마음을 자신감으로 채워주었다. 나의 강의에 날개를 달아주었다. 이제는 자신감에 찬 생활이 행복하다. 오늘도 행복하게, 재미있게 살아간다.

삶의 중심에 내가 있어야 한다. 자존감의 문제이다. 자기가 좋아하는 일을 하고 사는 삶이 가장 행복한 삶이다. 남의 눈치를 보면서 사는 삶은 거품이 꺼지면 불행해진다. 헛된 욕망에 휩쓸려 나를 학대하고 남을 원망하게 된다. 사람으로 태어난 것만으로 즐겁고 복되고 행복하다. 자기에게 만족하는 것이 가장 성공한 인생이라고 생각한다.

나는 전통놀이에서 인생의 참맛을 본다. 전통놀이에서는 다른 사람의 눈치를 보지 않는다. 놀이 자체로 즐긴다. 놀이를 할 때는 다 자기 역할이 있다. 놀이과정에서 시행착오를 겪고 조화를 이루는 법을 배운다. 인생은 놀이와 같다. 입을 다물고 내가 하고 싶은 일에 몰두하라. 남의 삶에 간섭하지 말라. 인생은 겪지 않으면 모른다. 나는 여성 리더를 좋아한다. 나는 언젠가 안동을 방문했던, 엘리자베스 여왕처럼 노년을 아름답게 살고 싶었다. 그녀의 이미지를 떠올리면 인자한 미소가 떠오른다. 그녀처럼 멋지게 늙고 싶었다. 그녀는 자신만의 철학으로 건강과 일상의 모든 면을 챙기며 살아간다. 78세에 대통령의 꿈을 성취한 바이든도 있다. 그를 보면서 멋진 도전에 박수를 보낸다. 늦었다고 생각할 때가 가장 빠르다는 말이 있다. 도전은 아름답다.

우리는 지금까지 일만 하며 살아왔다. 자식도, 아내도, 남편도, 부모님도 많은 사람들이 뒷바라지를 하며 살아간다. 자식, 남편, 아내, 부모로서 제 역할을 하며 누군가를 섬기는 것만이 뒷바라지는 아니다. 멀리서 마음으로 신경을 쓰는 것도 마찬가지다. 강도의 차이일 뿐이다. 자식 된 도리로 마땅하다고 여긴다. 결혼한 사람들은 평생을 뒷바라지하며 살아간다. 자식이 출가해도 뒤에서 신경을 쓰게 된다. 남편들도 물론 아내 눈치를 보며 살아가기도 한다. 서로가 고달픈 인생들이다. 이제는 누릴 때도 되었다. 뒷바라지를 하며 살아가다 보면 몸도 병이 든다. 병이 들어야만 아픈 것은 아니다. 마음이 늙어가는 것도 아픈 것이다.

앞에서도 말했지만 한국 사람들은 한이 맺혀 병들어 갈 수 있다. 이제는 행복한 노후를 준비해야 한다. 돈이 풍족해야만 누리는 것은 아니다. 마음을 바꿔야 한다. 내가 좋아하는 일을 찾자. 인생을 재미있게 살기 위해 다른 사람을 부러워할 필요가 없다. 나만의 것을 찾아 즐기는 삶을 살면 된다. 나도 처음부터 강의를 잘하지 않았다. 전통놀이는 초보들도 재미있어 한다. 전통놀이를 자신의 일상에 접목해 재미있게 살아가는 사람들을 부러워하라. 누구나 가능한 일이다.

누구에게나 삶은 연극이다. 나에게 맞는 연극을 찾아야 한다. 내 몸에서 자연스럽게 대사가 나오는 것을 말한다. 인생이란 연극에서는 내가 주인공이다. 주인공이 되어 나의 이야기를 하면 대사가 저절로 나올 수 있다. 이런 연기를 해야 한다. 인생의 주연이 되어서 즐기면 된다. 꼭 전통놀이가 아니라도 된다. 전통놀이는 예시일 뿐이다. 자신이 좋아하는 일이면 된다.

좋아하는 일을 찾는 도전정신과 창의성을 바탕으로 즐겁게 일하며 더불어 살면 그 또한 멋진 삶이 된다. 내성적이었던 나는 가슴이 콩닥거려 남들 앞에 좀처럼 나서지 못했다. 회사에서 신우회에 가입하고 동아리 회장을 맡으며 앞에서 할 말도 몇 번이나 외워 말하기도 했다. 등산을 하며 거북이와 토끼의 동화에 나오는 거북이처럼 끈기를 길렀다. 등산은 전통 놀이와는 또 다른 의미를 나의 인생에 부여해주었다. 전통놀이에서 찾은 자신감은 내 인생을 역전시켰다.

최고의 전략은 기본에 충실하는 것이다. 나의 스승 한양명 교수님은 늘 말씀하셨다. 기본을 알고 하나씩 해나가라고 조언해주셨다. 지식이 부족한 나에게 책은 스승이었다. 대학원에 들어가 공부를 더 하게 된 계기도 기본을 채우기 위함이었다. 대학원은 자기만의 공부라는 것을 배우면서 알았다. 누가 가르쳐 주지 않았다. 최고의 전략은 기본에 충실하는 것이다.

습관은 제2의 천성이다. 학습과 습관이 사람의 운명을 바꾼다. 어떤 분야에서 고수가 될 수 있을지 그 성공 여부를 좌우한다. 재능과 자질도 중요하지만 자기 연마가 중요하다. 나는 그저 열심히 하면 된다고 생각만 하다가 보냈다. 여러분들은 나와 같은 시행착오를 겪지 않기를 바란다. 자신의 내공을 쌓아 후반부 인생을 재미나게 살기를 바란다.

내 주변에는 좋은 분들이 많다. 그중에 철학 박사 이순하 선배는 나에게 일과 삶에 있어서 조언을 많이 해주셨다. 그녀는 한국 문화 및 전통놀이는 나의 이미지와도 맞다고 내게 말씀해주셨다. 나는 그 말을 듣고 힘이 났다. 전통놀이는 나의 브랜드다. 전통놀이는 나를 행복하게 한다.

마시 시모프 작가는 『이유없이 행복하라』는 저서에서 “행복에 이유가 있다면 이유가 사라지면 행복도 사라진다”고 했다. 행복은 무조건적이다. 행복은 습관들이기 나름이다. 좋은 습관이 성공을 좌우한다. 행복 지수를 높이는 소중한 것부터 먼저 하라.

전통놀이는 시너지를 활용한다. 상호작용을 통해 서로가 자신을 낮춰 겸손하게 감사를 주고 받게 한다. 배려심과 협동심을 기른다. 삭막함이 없어진다. 나는 마라톤을 한 적이 있다. 마라톤은 자신과 인내하는 싸움이라고 생각한다. 나는 나와의 승부를 걸었다. 마지막 결승점에 도착하면 선수는 극도의 행복감을 느낀다. 전통놀이라는 마라톤처럼 고난 중에 인내의 결실을 얻었다. 삶의 자리에도 인내가 필요하다. 가정, 직장, 생활 속에서 필요한 것이 인내다.

삶의 여유를 잃어가지 마라. 빨리빨리가 좋은 것은 아니다. 성경에도 참으라고 했다. 고난을 받으면서도 참으라고 했다. 참고 기다려야 한다. 지금은 인내할 때다. 인내는 쓰지만 열매는 달다. 전통놀이의 열매는 축복이다. 인내는 자신이 원하는 삶을 충실하게 살아가도록 해준다. 모든 것은 마음먹기에 달렸다. 인내하는 마음으로 불평과 원망을 일삼지 말고 감사와 긍정의 말만 하라. 전통놀이는 후반부 인생을 재미있게 한다. 전통놀이의 긍정 에너지로 인생을 밝히기 바란다.

07

남은 삶을 즐겁게 살아가기 위한 재미를 찾다

나는 강의 준비뿐만 아니라 일은 내가 만들기 나름일 정도로 개인적으로 바쁜 일상을 보내고 있었다. 내 주변 사람들에게는 일부러 말을 안 해도 나는 늘 바쁜 사람으로 인식되었다. 어느 날 대학원 모임에 참석한 적이 있다. 그날도 바쁜 일을 마무리하고 분주히 모임 장소로 이동했다. 오랜만에 선후배의 반가운 얼굴들을 보니 옛날 추억이 떠올랐다. 선후배들의 따뜻한 조언을 듣는 시간은 정말 감사했다. 나영 선배는 교직 생활을 퇴임하고 여전히 자기 관리를 잘하며 지내는 듯했다. 나는 여유롭게 시간을 보내는 선배를 보며 바쁘게 일하며 지내는 내가 불쌍한 느낌이 들었다. 나도 친구들을 만나며 여유로운 삶을 살고 싶었다.

『혼자 아픈 사람은 없다』의 저자인 이덕순은 "왜 그렇게 열심히 살았던 걸까? 무엇을 원하는지도 모르면서."라고 했다. 나에게 공감이 가는 말이다. 나는 열심히 돈을 구했지만 돈은 나를 반기지 않았다. 일을 해도 고정적인 수입이 아니었기에, 통장의 잔고는 늘 나의 지출 한계에 모자랐다. 남들은 나를 부유한 사람으로 착각했다.

나는 〈한책협〉의 김태광 대표를 만나 나의 이야기를 전하는 과정에서 나도 모르게 눈물이 나와 창피하기도 했다. 초라한 자신이 비참하게 느껴졌다. 김태광 대표는 나의 마음을 이해하며 목숨을 다해 도와주겠다고 했다. 나는 김태광 대표처럼 책을 써서 성공하고 싶었다. 나는 부자가 되고 싶었다. 나는 인생 후반에 전통놀이의 메신저가 되어 적성에 맞는 일을 하며 살겠다고 다짐했다.

우리 집에는 자신만의 신념이 강한 아이가 있다. 우리 집의 엔돌핀 작은딸이다. 직장에서도 반듯한 아이로 소문이 났다. 작은아이는 계약직으로 다니던 대학교 치과병원을 7월이면 퇴사를 한다. 그는 돈 많은 백수 생활을 하고 싶다고 했다. 작은아이는 다른 사람의 간섭을 싫어한다. 나는 작은아이의 의견을 존중한다. 잠시 쉬면서 또 다른 설계를 할 것이기 때문이다. 나도 직장생활을 했지만 직장생활을 하면서 신경성으로 앞머리가 빠지는 남편이 안쓰러웠다. 나는 평생 직장생활을 하며 살아가기에는 인생이 너무 아깝다고 생각하는 사람이다. 〈한책협〉에는 치과위생

사로 근무하다 책을 쓰고 대박을 낸 포민정 코치가 있다. 유독 관심이 가는 것은 작은아이도 치과위생사 일을 하고 있기 때문이다. 작은아이에게도 큰 씨앗이 싹트고 있을 것이다. 성공의 씨앗이 싹트는 시기는 결코 멀리 있지 않을 것이다. 작은아이가 안정적인 직장만을 꿈꾸지 않고 자신의 일을 하며 삶을 살아가는 미래를 기다려본다.

강철왕 앤드류 카네기도 꿈을 종이에 적어 기상 후나 취침 전에 읽었다고 한다. 『김밥 파는 CEO』 김승호 작가도 마찬가지이다. 나는 독서를 통해 신념이 생겼다. 〈한책협〉의 김도사를 만나 의식 성장에 관심을 갖게 되었다. 부자에 관심을 갖게 되었고 그들이 삶을 대하는 방식을 따라하고 싶어졌다. 부자들은 장지갑을 사용한다. 나도 장지갑으로 바꾸었다. 나는 돈을 소중하게 다루어야 한다는 것도 알았다. 나는 부를 소유하며 행복하게 살고 싶었다. 그동안 나는 문제를 앞에 놓고 스스로 답을 찾지 못했다. 나는 〈한책협〉의 김태광 대표를 만나 책을 쓰면서 답을 찾았다.

전통놀이 책을 공저가 아닌 혼자 쓰는 작가가 되었다. 일반 강사에서 전통놀이를 전하는 메신저의 삶을 살 것이다. 그는 의식 훈련을 통해 자신의 성장 계기를 알았다. 나는 책을 쓰면서 여러 권의 책을 읽게 되었다. 책을 쓰면서 나의 마음에 동요가 일었다. 나는 여러 권의 책을 섭렵하면서 확신이 생겼다. 나는 전통놀이를 전하면서 더 재미있게 살아갈 수 있다는 확신도 들었다.

〈한책협〉의 김태광 대표를 만나 새로운 가치를 만들었다. 나의 책 집필은 느리게 진행되었다. 당연히 동기들보다 책을 쓰는 기간도 길었다. 천천히 걷는 사람이 오래간다. 나는 토끼와 거북이 동화를 마음에 새겼다. 나는 이른 아침 책상 앞에서 글을 쓰며 까치 소리를 듣는다. 옛날부터 까치는 길조라고 했다. 거북이가 완주하는 소식을 기다려본다.

나는 꿈과 목표를 간직한 채 언제나 주어진 환경에서 성장이 없이 무미건조한 삶을 살았다. 소망이 이루어지기 위해서는 생생하게 꿈을 꾸라고 성공자들은 말했다. 길은 누구에게나 존재한다. 부자의 반열에 들어 나눔과 베푸는 삶을 살기를 원했다. 행복한 삶과 전통놀이가 동행하는 꿈을 꾸며 현실이 되도록 노력했다. 전통놀이가 주는 재미는 즐거움으로 이어져 행복한 삶을 살게 했다. 전통놀이를 만난 나는 투정을 부리는 부정적인 사람에서 긍정적인 사람으로 변해 말투가 달라졌다.

세상은 빠르게 변하고 있다. 초고속 통신망은 디지털의 편리한 세상으로 우리를 이끌어주었다. 편리함은 빨리빨리를 찾아 참을성을 잃게 했다. 다른 나라에서 온 결혼 이주 여성들이 가장 먼저 받아들이는 것은 빨리빨리 문화이다. 빠르고 편리한 디지털 세상은 누군가의 상상력이 만들어낸 결과물이다. 결코 빠른 것만이 능사는 아니다. 때로는 느림의 미학도 즐길 줄 알아야 한다고 본다. 나는 삶에 정신적으로 도움을 주는 대안으로 전통놀이를 내민다. 전통놀이에는 다양한 이로움이 있다. 강사들은 전통놀이를 강의에 접목해 강의의 윤활제로 활용한다. 매스컴에서 간간이 전통놀이를 활용하여 게임을 풀어가는 것을 어느 방송 프로그램에서 보여줬다. 전통놀이를 알리는 소중한 시간에 내가 참여하기를 소망해 보았다.

나는 전통놀이로 소통하기를 좋아한다. 전통놀이라는 길을 찾아 문제를 해결하면 된다. 코로나 시대에 마음껏 놀 수 없는 상황에서도 상황에 맞는 놀이로 소통을 한다. 전통놀이는 사람들에게 재미있게 다가가 피로를 풀어주는 박카스와 같다. 나에게 맞고 내가 좋아하는 놀이를 찾으면 된다. 전통놀이에는 여러 부류의 놀이가 있다. 일상 놀이와 비일상 놀이, 목적에 따라 놀기 위한 놀이는 다양하다.

누구나 자신의 연령과 성별에 맞는 놀이를 즐길 수 있다. 전통놀이는 자연 친화적인 것이 특징이다. 자연은 놀이터이자 놀이감의 공급처였다. 함께 놀이하는 공동체 문화 속에서 개인적, 이기적인 성격은 지양할 수밖에 없었다.

현실로 와닿지 않는 뜬구름 같은 이야기라고 생각될 수도 있다. 어릴 때 아이들과 골목에서 놀던 놀이를 추억해보자. 학교에서 돌아와 가방을 팽개치며 놀이부터 했다. 그저 상황에 맞추어 놀면 되었다. 전통놀이에는 꾸밈이 없었다. 불편하면 불편함을 감수하고 놀았다. 집에서 부모님들이 함께 모여 놀지 못하게 해도 비밀의 암호로 친구들을 불러 모았다. 어느 날은 부엉이, 어느 날은 뻐꾸기 소리 흉내를 내며 친구들이 불러내는 소리를 듣고, 몰래 집을 빠져나와 놀았다. 추억의 옛날 전통놀이가 그립지 않은가? 나는 어릴 때 친구들과 했던 전통놀이가 그립다. 나이가 들어간다는 증거일까? 나는 여행을 좋아한다. 나는 인생의 여정길에 전통놀이를 만났다고 생각한다. 전통놀이를 하다 보면 처음에는 어색한 느낌이 들 수 있다. 그러나 금방 친화적인 행동을 하게 된다. 어릴 때 놀던 추억의 시간으로 돌아가게 된다. 전통놀이는 오랜만에 친구를 만난 듯 반갑고 재미가 있다.

전통놀이는 나에게 자신감을 심어주었다. 우리의 전통놀이와 다른 나라의 전통놀이를 함께 알아가는 과정에 가슴이 뿌듯했다. 활동적인 놀이에도 도전하게 만들었다. 나는 해외에서 한국 문화 전통놀이를 전하고 싶은 꿈이 생겼다. 나는 완벽함을 추구하지 않는다. 인간미가 없어 보이기 때문이다. 전통놀이에는 인간미가 느껴진다. 처음부터 너무 완벽하게 시작하려고 하지 마라. 내가 좋아하는 일을 먼저 찾기를 바란다. 상상하는 순간 꿈은 실현되기 시작할 것이다. 상상은 행동하는 힘을 가지게 한다. 내가 전통놀이에 재미를 느끼고 싶은 이유이다.

전통놀이는 옛날 시간을 추억하게 한다. 전통놀이에는 선조들의 지혜가 깃들어 있다. 유익한 놀이이기에 누구에게나 추천하고 싶다. 좌충우돌하는 삶 속에 전통놀이는 삶의 지혜를 가르쳐준다. 신이 만든 인간은 완벽하다. 우리는 자신을 돌아볼 필요가 있다. 누구는 명상을 통해, 누구는 운동을 통해, 누구는 독서나 책 쓰기를 통해 한계를 극복한다. 나는 전통놀이로 나의 한계를 극복했다. 나는 누구인가? 나는 무엇을 좋아하는가? 질문을 해보아도 좋다.

진정 나를 알아가는 시간을 통해 내가 좋아하는 것을 찾을 수 있기 때문이다. 내가 좋아하는 것을 찾아 행복한 시간을 보낼 수 있다. 나는 성공한 사람들을 보면서 나도 부자가 되고 싶었다. 브라이언 트레이시의 책과 유튜브를 보면서 나도 명강사가 되고 싶었다. 나는 마냥 기다리지 않았다. 나는 책과 배움을 통해 나를 채워나갔다.

이제는 내 삶에서 만난 전통놀이의 두드림을 통해 생활의 재미와 행복을 맛본다. 나의 미래의 모습을 뚜렷이 그리며 나의 미래의 모습에 대해 확신을 가지고 있다. 여러분들도 첫술에 배부를 수 없지만 자신이 계획한 미래를 향해 한 걸음씩 도전하리라 믿는다. 우리는 자신의 능력을 믿고 따르면 된다. 그날을 기대하며 나를 채우는 시간을 보내라.

진정 가슴 뛰는 일을 찾기를 바란다. 그 일로 재미와 행복을 체험하는 시간을 가지기를 바란다. 당신이 진짜 원하는 삶을 찾아 남은 삶이 재미있게 영글어가기를 기대한다. 거기에 전통놀이가 한 몫을 하며 그 빛을 발하기를 바란다.

▶ 우물고누

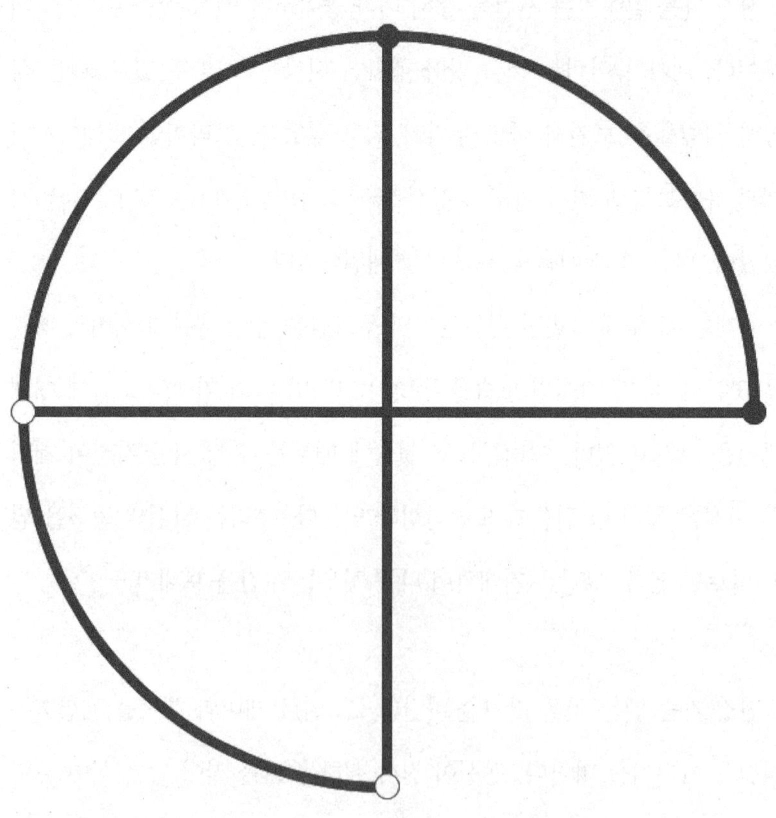

▶ 호박고누

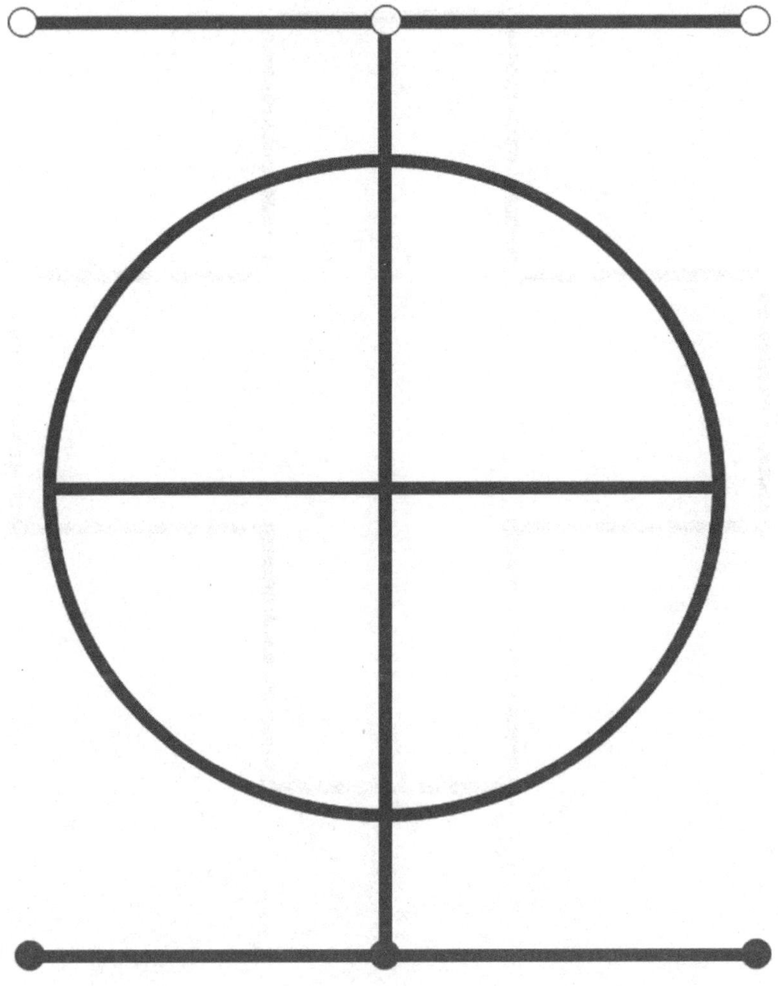

▶ 패랭이고누

▶ 네줄고누

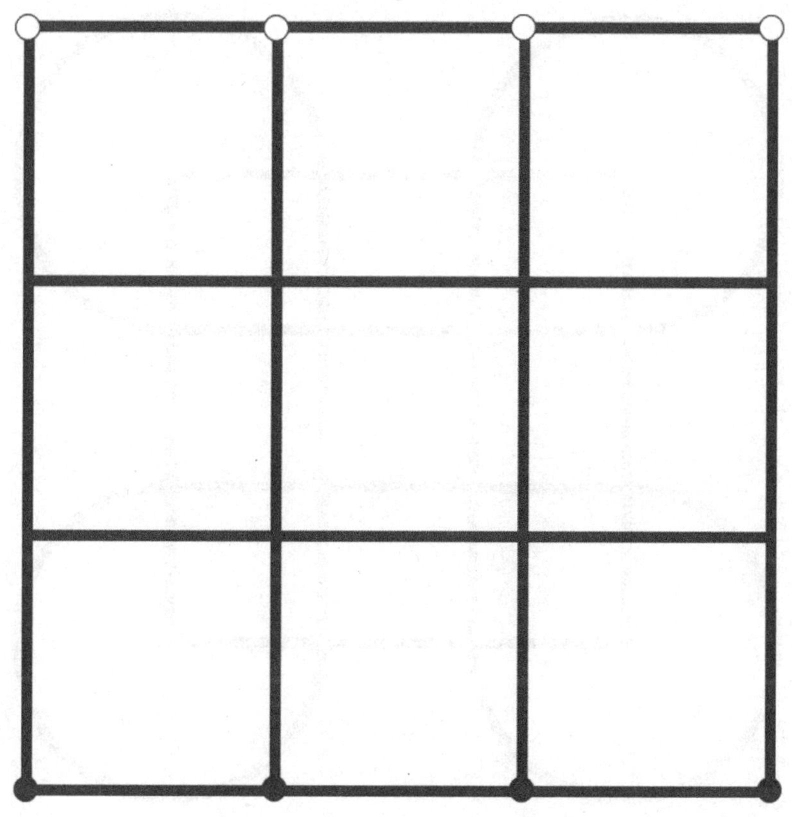

▶ 자동차고누

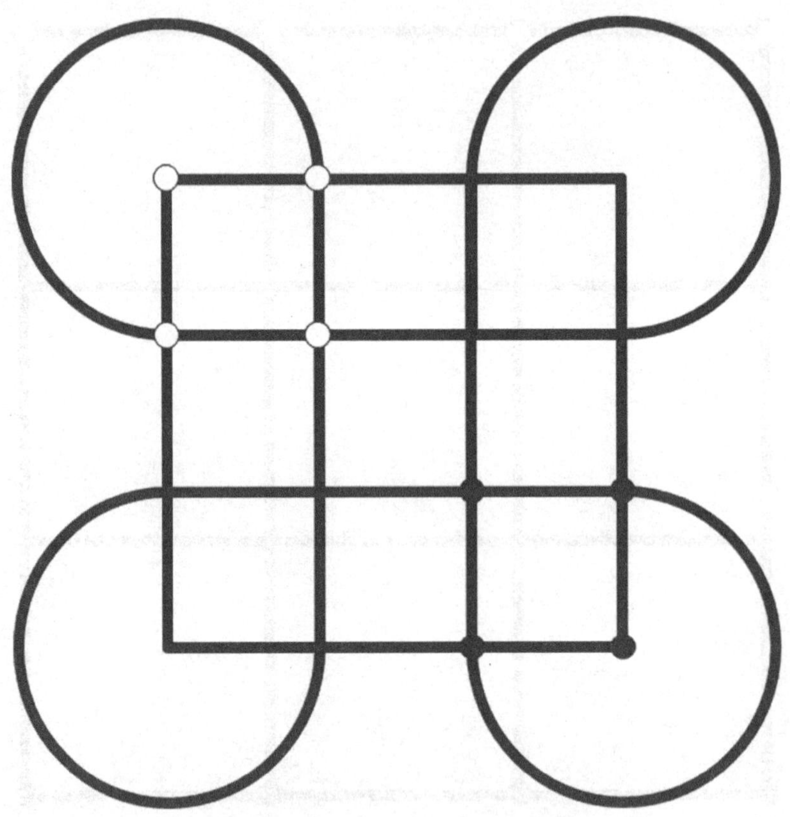

▶ 참고누

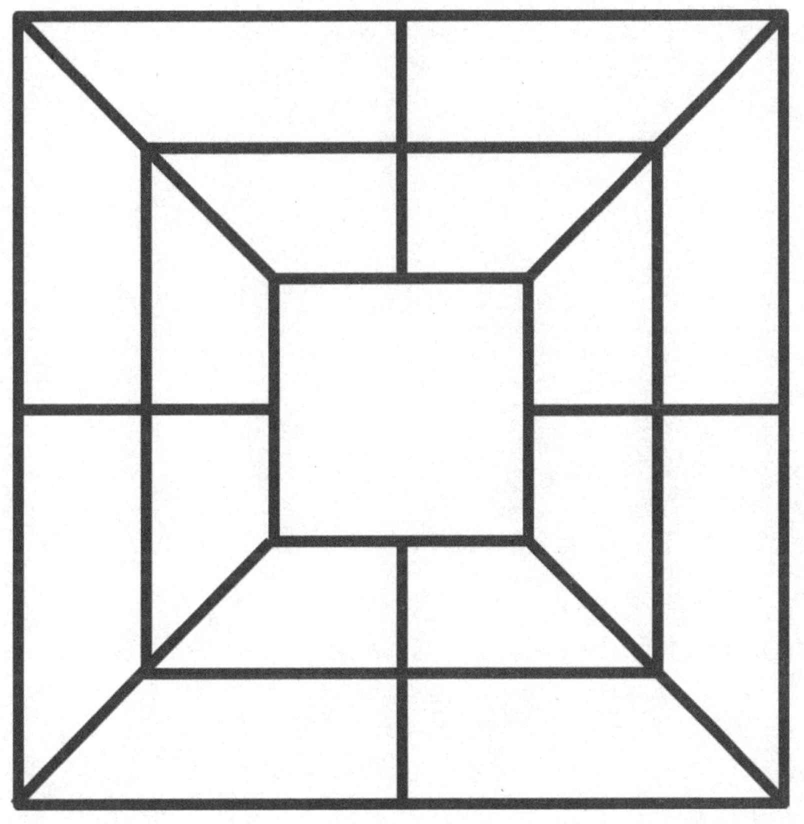